新媒体“轻传播”环境下
大学生思想政治教育有效性研究

周光玲 著

中南大学出版社
www.csupress.com.cn
·长沙·

图书在版编目(CIP)数据

新媒体“轻传播”环境下大学生思想政治教育有效性研究 / 周光玲著. --长沙：中南大学出版社，2024.10.

ISBN 978-7-5487-5904-1

Ⅰ. G641

中国国家版本馆 CIP 数据核字第 2024D7Q839 号

新媒体“轻传播”环境下大学生思想政治教育有效性研究

XINMEITI “QINGCHUANBO” HUANJING XIA DAXUESHENG SIXIANG ZHENGZHI JIAOYU YOUXIAOXING YANJIU

周光玲　著

□出 版 人　林绵优
□责任编辑　浦　石
□责任印制　唐　曦
□出版发行　中南大学出版社
社址：长沙市麓山南路　　邮编：410083
发行科电话：0731-88876770　　传真：0731-88710482
□印　　装　广东虎彩云印刷有限公司

□开　　本　710 mm×1000 mm　1/16　□印张 11.5　□字数 199 千字
□版　　次　2024 年 10 月第 1 版　□印次 2024 年 10 月第 1 次印刷
□书　　号　ISBN 978-7-5487-5904-1
□定　　价　68.00 元

前言

习近平总书记在2018年全国宣传思想工作会议上，针对传播手段和话语方式提出了创新的思路，他强调：要加强传播手段和话语方式创新，让党的创新理论“飞入寻常百姓家”。要想实现创新理论在群众中的推广，传统的黑板报文章形式必然无法引起百姓的关注。面对这种情况，高校大学生思想政治教育工作也要“接地气”，褪去“厚重”的形式，把思想政治教育内容“轻巧”有效地传播给每一位大学生。

随着数字信息技术的迅猛发展，QQ、微信、短视频等新媒体被广泛应用，并已渗透到人们生活的各个方面，其由于具有传播速度快、交互性强、传播面广、形式多样等特点，已成为当今大学生最热衷的传播工具。在这个过程中，新媒体对大学生的生活方式、认知模式、交往方式等方面产生了重大影响，新媒体在一些重大热点事件的舆论导向上，更是深刻影响着大学生看待和思考社会问题的角度与方式，进而影响着他们在价值观形成过程中各种思想观念的建构。科技发展日新月异，数字技术改变了信息传播的方式，使信息传播从单向传播向多向数字传播转变、从传播控制向数字传播引导转变、从单媒体传播向全媒体数字传播转变、从内容灌输向润物无声转变，传统“重传播”形式遇到挑战，数字“轻传播”方式逐渐成为社会主流，人类进入了新媒体“轻传播”时代。在此环境下，大学生开始摆脱庞大繁杂的“重传播”方式，涌入网络“轻传播”世界。高校思想政治教育工作承担着向大学生宣教马克思主义理论、社会主义核心价值观的责任和义务，并须以党和国家的建设要求为前提，肩负起培育国家建设者和接班人的任务，因为其关乎国家永续发展的重大问题。而在新媒体“轻传播”环境下，高校思想政治教育更要切实完成其立德树人、铸魂育人的重大使命，既要充分发挥思想政治理论课的主渠道作用，也要将媒介传播理论融入高校大学生思想政治教育教学工作，充分发挥新媒体“轻传播”在实践中的优势。对思想政治教育工作的方式方法实施科学有效的创新，一方面需要加速思想政治教育的创新发展；另一方面需要扩大其内容的应用，以便更好地与大学生青年思想相融合，真正走进大学生的学习和生活，实现内容有趣味、传播“轻巧”、接受性强的现代思想政治教育“轻传播”目标。

总之，做好新媒体“轻传播”环境下大学生思想政治教育工作，要继续发挥思想政治理论课的主渠道作用不动摇，但同时也要与时俱进，在创新大学生思想政治教育方法的过程中，善于借助新媒体“轻传播”的优势来推进大学生思想政治教育工作，不断增强思想政治教育的内涵与质量，共同促进新媒体“轻传播”环境下大学生思想政治教育有效性的提升。

本书由六章内容构成，具体研究内容为：第一章，主要对新媒体“轻传播”环境下大学生思想政治教育有效性研究的背景、研究意义、国内外研究现状、研究思路、研究对象、研究方法及创新等进行概括和总结，为后文的研究奠定基础。第二章主要对新媒体、传播及思想政治教育相关概念进行阐述，并对与本书研究密切相关的理论进行梳理，并将之作为本书研究的理论基础。第三章主要对新媒体“轻传播”环境下大学生思想政治教育面临的机遇与挑战进行深度分析。第四章主要针对当前大学生思想政治教育的实际情况展开问卷调查，针对存在的问题进行细致分析，查找相关原因，并在此基础上，探究影响大学生思想政治教育传播有效性的相关要素及其内在联系。第五章主要探究新媒体“轻传播”与大学生思想政治教育有效性之间的内在联系。第六章主要探究新媒体“轻传播”环境下提升大学生思想政治教育有效性的应对策略。“是什么，为什么，怎么做”是本书遵循的研究逻辑。以新媒体“轻传播”作为研究的大背景，分析当前大学生思想政治教育有效性在此环境下的具体表现，以大学生(受众)接受度为切入点，应用多学科理论进行跨学科探究，并厘清新媒体“轻传播”环境下大学生思想政治教育有效性的相关概念、理论，明确其内涵所指，并从可行性和必要性的角度出发，围绕大学生思想政治教育的有效性问题提出具体的应对策略。

本书内容主要来自作者自身多年的思政课教学经历及学术研究，结合新媒体“轻传播”大背景，坚持以马克思主义理论为指导，以思想政治教育学科理论为基础，并引入传播学、心理学等相关学科理论，聚焦新媒体“轻传播”环境下大学生思想政治教育有效性问题，通过对一些具有代表性的高校思想政治教育工作者及大学生进行走访调查，并根据调查数据进行归纳分析，针对新媒体“轻传播”环境下如何提升大学生思想政治教育有效性的问题，提出了对策与解决思路。

最后，衷心感谢本书所引用的参考资料的所有作者，感谢编辑出版人员对本书出版所付出的辛勤劳动。

受作者水平和能力所限，书中难免存在疏漏与不妥之处，恳请读者多多包涵，并批评指正。

作者

2024年3月

目录

第 1 章 绪 论

1.1 研究背景和意义

科技变革的深入推进，极大地促进了经济全球化的发展，也为新媒介技术的发展留下了广阔的空间，在这样的背景下，QQ、微博、微信及短视频等新媒体大量出现并被广泛应用，现已渗透到人们生活的各个方面。其由于具有传播速度快、交往性强、传播面广、形式多样等特点，已成为当今大学生最热衷的传播工具，并深刻影响着他们的生活方式、学习方式和心理认知。特别是新媒体在一些重大热点事件上的舆论导向，更是深刻影响着大学生看待和思考社会问题的角度与方式，进而影响着他们思想品德和价值观的塑造。在此背景下，与时俱进地研究大学生思想政治教育的方式、途径、载体尤为重要。大学生是今天高校思想政治教育的主要接受者，也必定是明天思想政治教育的传播者和社会建设的重要贡献者，其培育情况直接关系到中华民族伟大复兴大业的实现。为此，需要高度重视大学生价值观的形成，引导他们朝着正确的方向发展，提高他们的媒介素养，为党和国家培养德、智、美、体、劳全面发展的人才，这正是新时期我国社会发展和高校人才培养的重要任务和目标之一。所以，要清醒地认识到，新媒体的快速发展，既改变了高校大学生思想政治教育工作的环境，同时也对其变革提出了更高要求。从高校思想政治教育工作的角度来看，依托数字技术的新媒体的快速发展及广泛应用，为大学生思想政治教育工作的开展创造了更多机会，因此，要树立现代媒介教育理念，推动新媒体“轻传播”时代大学生思想政治教育在内容、模式和载体方面的创新，全面贯彻党和国家关于高校思想政治教育的方针与政策，努力扩大其影响范围。进入新媒体“轻传播”时代，数字技术改变了传播的方式，传统“重传播”教育方式遇到了挑战，数字媒体“轻传播”方式逐渐成为社会的主要传播方式。因此，要在新媒体“轻传播”环境下做好大学生思想政治教育工作，传播好社会主义核心价值观，就必须始终坚持以马克思主义为指导思想，以思想政治教育学科理论为基础，并借鉴传播学的相关理论成果，注重利用新媒体“轻传播”的特点与优势，多措并举，科学应用，努力提升高校大学生思想政治教育的有效性。

1.1.1 研究背景

1. 党和国家高度重视在新媒体环境下高校思想政治教育的发展

当今世界正处在百年未有之大变局、大发展时期，各行各业都迎来了新的发展机遇。高校思想政治教育的发展也同样如此，随着新媒体网络技术的快速发展和媒体资源的不断丰富，以数字报刊、数字电视门户网站、智能手机等为代表的新媒体在全球范围内迅速兴起，对各国的经济发展、社会生活及教育产生了广泛而深刻的影响。2006 年中央政府发布的《国家“十一五”时期文化发展规划纲要》提出，要大力推进“新媒体资源服务平台”“新媒体经营管理技术平台”等项目建设。这是“新媒体”概念作为媒介发展方向在我国首次以官方文件的形式正式提出。2014 年下半年，中央全面深化改革领导小组组织相关人员针对传统媒体和新兴媒体深度融合发展的问题召开了专门的会议，同时给出了具体的解决思路。2017 年 1 月，中共中央办公厅、国务院办公厅在印发的《关于实施中华优秀传统文化传承发展工程的意见》中强调：“要综合运用报纸、书刊、电台、电视台、互联网站等各类载体，融通多媒体资源，统筹宣传、文化、文物等各方力量，创新表达方式，大力彰显中华文化魅力。”2016 年 12 月，习近平总书记在全国高校思想政治工作会议上强调，高校思想政治工作关系高校培养什么样的人、如何培养人以及为谁培养人这个根本问题。要坚持把立德树人作为中心环节，把思想政治工作贯穿教育教学全过程，实现全程育人、全方位育人，努力开创我国高等教育事业发展新局面。”2019年1月，习近平总书记在中共中央政治局第十二次集体学习会议上提出，新闻舆论工作面临新的挑战。我们要因势而谋、应势而动、顺势而为，加快推动媒体融合发展，使主流媒体具有强大传播力、引导力、影响力、公信力，形成网上网下同心圆，使全体人民在理想信念、价值理念、道德观念上紧紧团结在一起，让正能量更强劲、主旋律更高昂。由此可知，党和国家高度重视利用新媒体助推思想政治教育的变革与创新，我们要充分发挥新平台、新载体在思想政治教育工作中的重要作用。时代的发展为新形势下高校大学生思想政治教育工作的开展提出了新的要求，同时也为其营造了新的教育环境。高校大学生是思想政治教育的对象，也是新媒体网络的主要使用群体。新媒体由于具有身份平等性、内容海量性、传播即时性等特点，满足了大学生个性化、全面性成长的需求。然而，由于新媒体网络具有隐匿性、娱乐性及国际性的特点，大量不良信息也在网络中散发，给大学生的健康成长带来了一些负面影响。总之，新媒体是一把双刃剑，对于大学生的成长成才既是机遇也是挑战。一方面，大学生可以利用新媒体网络快速获取大量有价值的信息，扩充知识面，延伸交际圈；另一方面，意识形态斗争是无硝烟的战争，在网络媒体技术高度发达的新媒体“轻传播”时代，全世界各种各样的复杂信息与言论也会通过新媒体进行肆无忌惮的传播，这对思想还不成熟的大学生来说，其思想与价值观会遭受重大的冲击。因此，要做好高校思想政治教育工作，学校与思想政治教育者必须深刻认识到新媒体的特征及所面临的机遇与挑战，尽可能发挥其优势，进一步提升新媒体“轻传播”环境下大学生思想政治教育的有效性。然而，从传播技术视角来看，新媒体传播从根本上突破了“以课堂为中心、以校园为中心、以书本为中心”的传统思想政治教育方式的束缚，并且给大学生的思维模式、生活方式带来了一定的影响，还影响着他们的世界观、人生观、价值观。2016年底召开的全国高校思想政治工作会议上，习近平总书记针对高校如何做好思想政治教育工作再次强调，做好高校思想政治工作，要因事而化、因时而进、因势而新。要遵循思想政治工作规律，遵循教书育人规律，遵循学生成长规律，不断提高工作能力和水平。面对这种情况，与时俱进，主动适应新媒体“轻传播”时代是创新高校思想政治教育模式的前提，这需要充分发挥新媒体“轻传播”方面的优势，拉近教育者与被教育者的距离，促进高质量和高水平的思想政治教育的信息传播，为提升大学生对思想政治教育信息内容的认可度和满意度创造条件，从而增强新媒体“轻传播”环境下大学生思想政治教育的有效性。然而，整个教育过程的完成，不仅要及时利用最新技术与手段，同时也要对理论进行深入研究与创新，为此，高校应以思想政治教育创新发展的理论为前提，深入研究新媒体“轻传播”环境下高校大学生思想政治教育的相关理论，利用自身在技术和理论方面的优势，发挥好培育接班人和建设者的重要作用。

2. 新媒体环境下大学生成长的机遇与挑战

社会经济的高速发展为新媒体网络技术的发展提供了强劲的动力与广阔的空间，同时也将人类社会引领到新媒体时代里，而新媒体自身的特色与优势给人们的思维、生活、工作与学习带来了革命性的变化。人们在享受着新媒体时代友好的礼物的同时，也深刻感受到新媒体所带来的冲击与不安。对大学生而言，一方面，新媒体拓宽了他们的眼界，方便了学习与生活。新媒体时代信息传播体现了大众参与的草根性特点，改变了大学生的思维方式，交互式学习途径增加，价值取向表现出多元化、现实化和个性化特征。借助众多新媒体平台，大学生的人际交往更加轻松便捷，解决问题的方式更加自由和多角度。新媒体对大学生的性格塑造影响深远，创造了可以充分追求和展示个性的新环境；另一方面，新媒体也容易造成大学生的思想困惑、价值观混乱和行为失范，可以说，新媒体对大学生成长产生了“双刃剑”作用。新媒体在满足人们的娱乐和消费需求的同时，其虚拟性和互动性特征也容易引发受众的信任危机和人格障碍。大学生对新媒体缺乏足够的理性认知，对新媒体过度依赖，这给高校正常的教学秩序造成了一定程度的冲击。由于新媒体具有开放性和隐藏性特点，任何人都可以在新媒体网络平台随意发布或者转发信息，有的是正能量的，有的则存在负面导向，这些信息背后所体现的是各种社会思潮和多元化价值观。尽管在国家多部门的综合管理下，我们在网络里每天都能接收到爱党爱国、积极向上、健康快乐的社会主义主流价值观的宣传内容，但也有些个人主义、暴力画面、拜金主义、捏造歪曲等内容的传播，这无形中加大了大学生鉴别与选择信息的难度。特别是在新媒体网络中，部分“网络大V”凭借自己拥有大量粉丝的优势和在网络中的影响力，在新媒体网络中隐匿传播与社会主义核心价值观相背离的信息，彰显网络价值无主导、无权威的绝对自由圣地，这容易对三观尚未定型、成熟的大学生造成认知和行为上的误导，致使部分大学生在这复杂多变的网络信息风暴里不能很好地坚持社会主义主流价值观，也不能形成自己独立的价值判断，而是陷入深度的价值迷茫或价值盲从之中。所以，部分大学生时常会出现思想困惑、内心迷茫、行为失范等问题，若不及时对新媒体网络平台加以管控，并对大学生进行有针对性的教育引导，其必然会逐步毒害大学生善良的心灵，影响他们正确价值观的树立，误导他们的行为习惯，严重影响到实现中华民族伟大复兴事业的后备军建设。

3. 新媒体环境使大学生思想政治教育的有效性问题凸显

在人人都是“千里眼”“顺风耳”、个个手握“麦克风”的新媒体时代，人们之间的沟通交流方式发生了巨大的转变，这也使高校大学生思想政治教育工作所面临的内外环境更加复杂。由于新媒体具有轻传播、重内容、可视性强等特点，借助新媒体创新思想政治教育工作方式方法，有利于对大学生实现全员、全程教育。新媒体发展潮流是大势所趋，不可避免。大学生作为新媒体的主要使用群体，其思想观念、价值取向、知识获取途径等已经深深烙上新媒体时代的痕迹，他们的思想、认知等也被深刻影响着。一方面，新媒体对高校大学生的思政素质、价值取向和道德观念的形成产生了积极影响，另一方面，新媒体也产生了一些消极和负面影响，尤其是在这种自由、开放、多元的新媒体环境下，大学生思想政治教育有效性问题异常凸显。当前，我国正在建设中国特色社会主义市场经济的道路上稳步前进，社会发展正处于关键转型期，社会阶层的分化和利益关系的多样化带来价值取向的多元化，也致使个人主义、功利性思想有所蔓延，并在新媒体网络传播，腐蚀大学生的健康思想。此外，新媒体“轻传播”环境下，西方资本主义社会的拜金主义、享乐主义及带有浓厚政治色彩的各种错误思想也通过新媒体网络疯狂传播，对我国社会主义主流价值观造成了较大冲击，也影响着大学生正确价值观的塑造。因此，高校思想政治教育要与时俱进，主动适应新媒体给思想政治教育环境带来的重大变化，借用新媒体的技术与平台助推思想政治教育工作改革，采取更具有针对性和有效性的方法来引导大学生培育乐观向上的心态，树立正确的价值观，更加坚定“四个自信”，做到“两个维护”，努力成为未来社会主义建设的主心骨和排头兵。

市场经济在资源配置中的独特优势极大地促进了我国各行各业的发展，在新媒体网络运作方面也如雨后春笋般迅猛发展。我们在享受着市场经济带来的厚礼的同时，也要关注其本身所具有的盲目性、自发性及滞后性等缺点，这需要政府的宏观调控，也需要各种社会力量的有效监督。如近年来，部分新媒体、自媒体传播者为了获取点击率、发行量、收视率和流量，不遵守职业道德，违背国家相关管理规定，大量传播低俗、色情暴力、拜金主义等内容，不符合社会主义核心价值观的要求，不利于良好社会风气的持续，破坏了社会的和谐与稳定，一定程度上影响了大学生价值观的塑造，使他们无法科学、全面地认知社会。根据当前新媒体环境下大学生思想政治教育在传播过程中的表现，国家各级思想政治教育工作部门应该主动出击，积极融入新媒体环境，与各种非正能量的传播内容坚决斗争。然而，部分思想政治教育工作部门仍采用灌输、说教与强制等方式进行照本宣科的宣传教育，不仅没有起到灵魂交流、立德树人的作用，反而使大学生的逆反心理更加明显，这足以说明，在新媒体时代，随着大学生在信息选择中的主体性与主动性日益增强，过去这种“我说你听”的教育模式已无法适应对新媒体应用得心应手的大学生了。更为突出的是，过去大学生主要依靠课堂、书籍、报纸、广播及电视等传统媒介来获取有价值的信息，而现阶段新媒体网络已经成为大众普遍关注的信息渠道。新媒体网络具有自由的特征，大学生在这一环境中充当的角色是信息的接受者和发布者，更是传播者。这些现象对当前做好新媒体环境下大学生思想政治教育有效性而言，一方面有助于教育水平的提升，另一方面展现了工作的特征，即复杂性和艰巨性。面对此种境遇，国家众多部门尽管都参与了新媒体环境下如何提升大学生思想政治教育有效性等实际工作，但要在新媒体信息狂流中传播主流价值观的内容仍然异常艰难，其时常被大量娱乐动态信息淹没，导致穿透力和影响力大大减弱，传播有效性问题日益严重。同时，也存在思想政治教育信息内容过于强调理论性，缺乏实践性，明显落后于大学生个体成长需要等问题。此外，当前仍然有不少思想政治教育工作者因种种原因排斥新媒体，更没有去主动学习和了解新媒体知识，没有解决好新媒体“轻传播”环境下大学生思想政治教育遇到的实际问题和现实困难。因此，强调新媒体“轻传播”环境下努力提升思想政治教育的有效性具有十分重要的现实意义。

全面贯彻党和国家的教育方针，做好新形势下高校思想政治教育工作是党之大计、国之大计，关系到中华民族永续发展的重大问题。习近平总书记针对思想工作的重要性强调道：“宣传思想工作是做人的工作的，人在哪儿重点就应该在哪儿。很多人特别是年轻人基本不看主流媒体，大部分信息都从网上获取。必须正视这个事实，加大力量投入，尽快掌握这个舆论战场上的主动权，不能被边缘化了。”为了做好新形势下的思想宣传工作，营造健康向上的舆论环境，要在新媒体网络上动脑筋、想法子。社会各个思想政治教育部门要主动学习新媒体基础知识，熟练掌握新媒体传播技术，要有强大的勇气和信心深化高校思想政治教育的变革，深入研究新媒体“轻传播”环境下大学生思想政治教育的新问题、新情况，敢于直观面对和有效解决大学生提出的各种现实问题，想方设法，多措并举，切实提高新媒体“轻传播”环境下高校思想政治教育的实效性。因此，借鉴传播学等相关理论和研究成果，从传播学角度来重新审视和创新思想政治教育理论与实践，是提高当前思想政治教育有效性的必然选择和最佳路径。

1.1.2 研究意义

长期以来，高校承担着向广大学生宣教马克思主义理论，传播马克思主义真理，为党和国家培养和输送素质优良、思维敏捷的社会主义建设者与接班人的历史重任。为此，高校必须树立正确的政治导向，以铸魂育人为原则，坚持立德树人的教育宗旨，为国家培育人才、充实力量。为了不辱使命，完成高校思想政治教育任务，高校要结合新时代发展背景，改革创新、多措并举，努力推动大学生思想政治教育工作取得长足有效的发展。本书坚持将马克思主义理论作为总的指导方针，将思想政治教育理论作为基础，同时，根据研究的实际需要，引入传播学、心理学等相关学科理论，在新媒体“轻传播”大环境下，实现对大学生思想政治教育的积极引领，获取教育成果的积极转化，多角度、全方位地开展专项调研，重点对高校大学生思想政治教育卓有成效的影响要素进行系统、全面分析，并以“新媒体时代大学生思想政治教育的现状”为题目，对具有代表性的高校大学生进行走访调查，然后根据调查数据，分类梳理当前新形势下高校大学生思想政治教育的新情况与存在的问题，深入解析各个因素的内在联系及运行规律，并在此基础上提出新媒体“轻传播”环境下提升高校大学生思想政治教育有效性的可行性对策。本书研究将在一定程度上进一步拓宽思想政治教育的学科视野，丰富思想政治教育研究的范畴，特别是对新媒体“轻传播”时代高校大学生思想政治教育有效性进行了新的视角理论研究，具有一定的参考价值和借鉴意义。

1. 理论意义

第一，有利于促进新媒体“轻传播”环境下大学生思想政治教育有效性的深入研究，进一步丰富思想政治教育学科内容。本书研究始终坚持以马克思主义理论为指导，以思想政治教育学科理论为基础，并引入传播学、心理学等关联学科理论，进行新媒体“轻传播”环境下大学生思想政治教育有效性研究。目前，学界已有的研究成果主要集中在大学生思想政治教育的目标、方法、内容及载体方面，这些研究成果为本书的研究拓宽了视野，积累了资料，奠定了基础。但从研究现状看，目前关于新媒体“轻传播”环境下大学生思想政治教育有效性的研究尚不多，其中跨学科交叉研究尤其少，因此没有形成新媒体“轻传播”环境下大学生思想政治教育研究的理论框架。新媒体“轻传播”的特点与优势正发挥积极的正向引领与带动作用，有力地推进了大学生思想政治教育工作的发展。作为以培养人的思想品德为目的的特殊思想政治教育传播活动，要想在这种瞬息万变的新媒体“轻传播”环境下发挥塑造主流价值、培养道德品质、规范行为方式的功能与作用，就需要引入传播学、心理学等相关理论，促进思想政治教育理论研究与实践活动的深度融合，推进新时代大学生思想政治教育研究的理论变革与实践创新，拓宽思想政治教育研究的视野，扩大思想政治教育学科研究的范畴，有力增强大学生思想政治教育的实效性，从而有效解决大学生思想政治教育现实问题，这也是对思想政治教育学科与多学科结合背景下形成的一次重要研究的尝试，是对大学生思想政治教育研究的有益延伸。

第二，有助于进一步完善新媒体“轻传播”环境下大学生思想政治教育有效性的实证研究数据。在实证调查研究方面，以马克思主义理论及思想政治教育学原理为基本方针策略，以新媒体“轻传播”环境下提升大学生开展思想政治教育的有效性为核心，并借助传播学、心理学等关联学科理论与实践成果，探讨新媒体“轻传播”环境下大学生思想政治教育有效性的影响因素、传者与受者的关系、基本特征与规律，并深入具有代表性的高校一线进行抽样调查，采用定量研究与深度访谈的定性研究相结合的研究方法，使新媒体“轻传播”大环境的覆盖面越来越广，内容越来越丰富和新颖，进一步丰富新媒体“轻传播”环境下大学生思想政治教育存在的问题的数据资料，为新形势下高校思想政治教育改革创新提供一定的数据及理论支持。

2. 实践意义

众所周知，理论来源于实践，实践进一步丰富理论。新媒体"轻传播"环境下大学生思想政治教育传播的理论需要走进课堂，走进教材，走进学生头脑，付诸大学生思想政治教育工作的具体实践来检验真伪，并及时总结经验与不足，为具体实践中不断提升新媒体"轻传播"环境下高校大学生思想政治教育的有效性提供科学、可靠的理论指导，因此具有重要的实践意义。

第一，有利于转变新媒体"轻传播"环境下大学生被动教育的理念。在新媒体"轻传播"环境下，整个思想政治教育环节是由"传者"即教育的传播者，借助新媒体平台向"受者"即信息接收者传播思想政治教育内容，而这个过程是相互的，也是动态的。在以往传统的思想政治教育模式下，思想政治教育的"传者"是指教师，而"受者"是指接收信息的大学生，在整个思想政治教育运行体系里，教师(传者)在具有100多个座位与一块大黑板的教室里，进行单向灌输式教学，被教育者(受者)往往只能被动接受教育信息。可想而知，这种传统思想政治教育传播有效性不高，实效性也不强，这也是各高校思想政治教育部门高度关注并寻求解决的问题。科技在发展，时代在进步。各种尖端信息技术引领社会不断进步，大数据与人工智能在为人们的生活增添新色彩的同时，也极大地改变了高校大学生思想政治教育工作的方式方法。在新媒体"轻传播"环境下大学生思想政治教育活动中，教师与学生既是"传者"也是"受者"，教师不再是教育信息的唯一"传者"，学生也可以由"受者"转变为"传者"，借助新媒体，师生之间可以进行双向互动。因此，作为一名高校思想政治教育者，在开展思想政治教育过程中，要切实转变理念，实现最大化的社会面传播，一方面，教师要深入领会新媒体的深刻内涵并掌握新媒介的基础理论与专业技术，促进自身新媒体知识的更新与专业素养的有效提升；另一方面，教师要认识到与学生平等的地位，坚持学生主体与教师主导理念，在思想政治教育过程中，借助新媒体载体与大学生进行平等、友好、有效的沟通，使整个教学活动在平等、轻松、互动的气氛下开展，确保思想政治教育信息能有效传播给大学生，让他们有效接受，并及时提出反馈。因此，本书着重研究了新媒体"轻传播"环境下大学生思想政治教育有效性的影响要素与解决对策，为深入推进新形势下高校大学生思想政治教育的质量与水平提供了一定的参考价值与借鉴意义。

第二，有利于解决新媒体"轻传播"环境下大学生思想政治教育有效性不高的实际问题。在未来社会发展中，大学生既是参与者，也是实践者，更是创新者，是党和国家赓续发展的可靠接班人。高校承担着培养大学生德、智、体、美、劳全面发展的重要使命，要与时俱进，更新教育理念，坚持正确的政治方向，敢于直面问题，想方设法、多措并举，解决新媒体“轻传播”环境下开展高校大学生思想政治教育工作成效不高、有效性不强的现实性问题。随着新媒体网络的普及和广泛应用，大学生掌握了对信息进行快速处理和迅速传递的基本技能，由于他们思维敏捷，动手能力强，在新媒体应用方面非常熟练，获取信息往往比教育者更快、更准，这无形中给教育传播者增加了难度，甚至会产生“教育者讲的，学生全知道，教育者未讲到的，学生也了解”的尴尬局面。因此，本书针对新媒体“轻传播”环境下大学生思想政治教育有效性不高的诸多新问题提出了可行性对策，对进一步提高新媒体“轻传播”环境下高校大学生思想政治教育水平具有一定的现实作用。

第三，有利于营造良好的网络舆情，培育和践行社会主义核心价值观，抵制西方不良思想的侵袭，坚决维护国家意识形态领域的安全。今天的世界正处在百年未有之大变局、大调整、大发展时期，特别是随着互联网技术的快速发展，新媒体技术层出不穷并被广泛应用，加强了世界各国的联系，进一步促进了经济全球化。然而，由于在新媒体网络环境下，各种正确、错误的信息都可以自由传播，既包括一些危害国家安全的信息、破坏社会和谐稳定的言论，也包括一些拜金主义、享乐主义、个人主义等非主流价值观，这些如果不及时制止，会逐渐扭曲大学生的价值观，破坏社会稳定，危害国家意识形态领域的安全。因此，思想政治教育传播者要在努力提高自己新媒体素养的前提下，利用多种新媒体平台，宣传社会主义核心价值观，弘扬社会主义主旋律，更加细心、耐心地向大学生传播有价值的思想政治教育全方位信息，助力大学生培养正确的“三观”，迈好人生第一步，扣好人生第一粒扣子，刻苦奋进，为实现中华民族伟大复兴奉献自己的青春和力量。

1.2　研究现状评述

1.2.1　国内研究概况

目前，国内学术界关于大学生思想政治教育有效性的直接研究较少，但对高校大学生思想政治教育传播方式的有效性、实效性等研究的深入性较强，对其内涵的探究较为充分。

1. 新媒体研究

随着互联网技术、人工智能及大数据技术的跨越式发展，新媒体技术在世界范围内迅猛发展并被广泛应用。我国新媒体发展也突飞猛进，涉及领域广，普及人数多。社会中较为通俗地称之为“新媒体”，如果用较为严谨的语句形容，则可在“新媒体”前加上“数字化互动式”，成为更贴切的名词。笔者将“新媒体”作为关键词输入检索后，发现中国知网有多篇与新媒体有关的学术研究论文。截至 2022 年 11 月，可发现 243430 条相关搜索，其中学术辑刊类结果居多，达 176500 条；学位论文检索结果次之，为 26800 条；而报纸、会议和图书等相关检索结果分别为 3720 条、3348 条、139 条，有 1 条标准检索结果、148 条成果检索结果、1571 条学术辑刊、31200 条特色期刊及 3 个视频，其研究的内容主要是新媒体与文化传播、新媒体与教育、新媒体与政治、新媒体与经济、融媒体、新媒体创新等。新媒体的发展阶段可基本划分为初步、中兴和突破三个不同层级的发展期。初步发展期的时间节点自 1996 年起，至 2005 年结束。随着新媒体网络技术的强势来袭，其应用逐步涉及各个方面，也引起学术界的高度关注。我国学术界关于新媒体方面的研究的初期时间是 1996 年至 2006 年，其主要研究领域在互联网计算机方面，后面逐步延伸到新闻传播领域，但研究成果比较零散，未形成系统。随着新媒体技术的更新发展，其被广泛应用，引起学界高度关注。我国学术界在新媒体领域的基础研究达十年之久，从 2006 年至 2010 年，我国新媒体研究迎来了中兴发展时期，很多重要研究成果均出产于这一时期。如今新媒体已经成为人们日常生活中不可或缺的重要元素，深刻改变着人们的联系方式、思维方式、生活方式和学习方式，这一时期，QQ、微博、微信等新媒体开始逐步进入人们的视野，人类从此进入了新媒体“轻传播”时代。而从 2010 年至今，大数据、人工智能等数字技术的迅猛发展，极大地促进了新媒体网络技术的新发展，以抖音为代表的短视频等典型新媒体平台出现，并被广泛使用，使人们的生活更精彩。实践的发展有多么的波澜壮阔，理论的发展就有多么的博大精深。学术界关于新媒体方面的研究也相继进入新的突破发展时期。新媒体的研究不再局限于单一领域，而是拓展到经济、政治、科技、教育、社会等多方面。目前，学术界关于新媒体概念、特征的研究中，蒋宏和徐剑(2006)认为，从内涵角度分析，这里所说的新媒体，其实是对 20 世纪后期时代背景下取得的国际性科技进步的整体概括，针对社会信息广泛传播范畴形成的以数字技术为基准的新型媒体，具有迅速扩容海量信息并实现快捷处理的基本能力，能引领新时代大学生思想政治教育手段的积极推进，建立与众不同的传播教育新格局。就外延而言，新媒体的涵盖面较广，无论是光纤电缆通信还是有线和图文电视等，均可划归于新媒体范畴之内。在互联网形势的推动下，各大电脑数据库间的通信效率、卫星直播电视等技术系统，以及多媒体技术广播、信息互动和手机短信发送服务等，均在新媒体技术的不断进步中实现了功能性的显著提升。宫承波(2007)等坚持认为，“大量风格各异的网络游戏和风靡全网的文学创作及电子邮件，与虚拟社区和搜索引擎以及各大门户网站一样，全部划归新媒体范畴之内”。这是传统宣传媒介以外的一种崭新媒体，是借助先进信息化数字技术，利用互联网平台，向人们推送传播内容广泛信息的一种全新媒体形态。匡文波(2017)对新媒体进行深入研究，并指出新媒体时代有显著特征，即：新媒体最根本的特征是互动性与数字化能力较为突出。通过比对发现，新媒体与传统媒体相比，其成本更低，检索更方便，具有强大的融合性与即时性，开放程度高，个性鲜明，具有较好的分众性。蒋百平(2022)在研究中发现，“新媒体的发展原型是传统的报刊、电视和广播等，随着社会发展与科技进步，尖端数字化技术在计算机与互联网及卫星平台，通过数字电视和手机、电脑等各种移动终端，为用户精准提供大量信息化服务”。关于新媒体延伸融媒体发展方面，丁柏铨(2011)等学者研究发现，“媒介融合是一项规模庞大的信息系统工程，来自物质、理念及操作等层面的机制融合，全部划归该工程范畴之内。在融合的同时不可避免地产生行进障碍，例如体制机制建设及技术短板和人才短缺等不同层级形成的推进性障碍是切实存在的”。周宽玮与李良荣(2014)指出，“媒体融合是指各种媒体形态的边界逐步消融，多功能复合型媒体逐渐占据优势的过程和趋势”，二人一致认为，新媒体就是融合媒体。胡正荣(2015)强调：“立足互联网思维理念，传统媒体推陈出新，形成别具一格的治理新理念，云计算与大数据成为媒介融合的主要技术支撑，健全的机制建设是推进媒体融合的基本保障，尤其以媒体生存的核心问题作为主要的关注点，形成社会性的持续推动与更新。”

2.“轻传播”研究

通过以“轻传播”为主题的文献检索结果可知，目前学术界关于利用“轻传播”融入高校思想政治教育研究的成果为数不多，主要是在传播学领域扩散。2019 年，“轻传播”概念成为传播学术领域的焦点，该理论与习近平总书记重点强调的“要加强传播手段和话语方式创新，让党的创新理论‘飞入寻常百姓家’”的要求高度契合。我国学者张春贵(2019)认为，“轻传播”作为网络世界的最早广告宣传语，倡导灵活的广告制作方式，以碎片化的投放方式实现分众化与娱乐化的网络传播效果。此外，他还细致介绍了人民网的成功经验，人民网为“90 后”与“00 后”等新生力量宣讲马克思主义成效显著。学习他们善用传播媒介直播或制作视频、音频的操作能力，以引人入胜的形式编排喜闻乐见的直播内容，牢牢抓住年轻人的思想脉搏，引入表情包和形象逼真的动漫制作，运用俏皮生动的语言作为吸引大众眼球的标题，旨在追求良好的宣传成效。周艳(2019)列举了新形势下的传播新手段新方式，坚持“十位一体”的原则，发布力求完整真实的视频，以精美课件和提炼的学科高端论述，整合梳理多元理论，在网络平台发布专业文稿及针对性评论，代表大众发声，运用图文与生动有趣的漫画解读阐述相关理论，运用内涵丰富的微视频展示社会的典型现象等，形成强大的舆论传播力。牛海、刘诗铭(2019)坚持认为，在新时代形势下，对马克思主义大众化的广泛传播，离不开新媒体手段，要保持轻巧性和质量，做到既简洁又不失厚重，实现理论精华的进一步提升，营造轻松活泼的效果，采取严谨、规范的手法实现“轻传播”，深入挖掘年轻一代的潜力，推动马克思主义学术理论的社会面传播获取最大实效性。所以，我们要与时俱进，采取马克思主义理论传播方式，强化传播人才队伍的素质建设，进一步完善传播整体背景环境，构建有效的“轻传播”之路。

3. 新媒体对思想政治教育的影响研究

（1）思想政治教育的新媒体环境

长期以来，思想政治教育环境方面的研究是思想政治教育研究的重要范畴之一。目前关于思想政治教育新媒体环境的研究著作较少，但大多数思想政治教育研讨论述中的部分章节，均针对新媒体环境展开过深入浅出的理论探求。大量研究学者如郑永廷、张耀灿、吴潜涛、沈国权、李辉、檀传宝、陈正良等，认真梳理汇编了多种专业学科书籍，围绕现代思政形成的教育学论述展开了深入探求，就网络环境对青少年德育教育机制建设和运行环境的影响进行了深入解读。特别是思想政治教育领域，有关新媒体环境的专项研讨相对较多，相关著作中大多以综合分析思想政治教育新媒体具有的典型特征与深刻内涵为主，围绕新媒体环境在思想政治教育工作中取得的实效性及教育主体范畴和主要教学内容，甚至实施的针对性教学手段等展开纵深剖析，提出应对举措，积极找寻完美的解决路径。张耀灿、郑永廷等（2006）则进一步指出：一方面，在新媒体引领下，大学生思想政治教育面临新的发展机遇，平台与发展空间持续扩增，信息储存量大大增强，吸引能力迅猛增强；另一方面，面对新媒体环境，大学生思想政治教育迎来了新挑战，在强化新媒体环境影响力与思想政治教育的主要路径之间形成了矛盾与冲突，亟待在未来社会发展中，以行之有效的手段进一步完善处理。由于新媒体是时代发展的新事物，其发展的历史较短，因此，高校思想政治教育还没有完全适应新媒体环境，这导致新媒体环境下学校思想政治教育在一定程度上与社会脱节，现实思想政治教育与虚拟空间思想政治教育脱节，最终影响到思想政治教育的效果。李林英等（2015）认为，造成这种状况的原因是没有形成一个依托新媒体平台的社会、家庭、学校、学生联动的思想政治教育模式，思想政治教育急需根据传播环境的变化做出调整，让思想政治教育的内容、方式、途径等与新媒体传播规模相契合，把握新媒体环境下思想政治教育的新特征。

（2）新媒体给大学生带来的影响

当前的学界关于新媒体对大学生影响的相关调研成果较多，如宗玲（2020）在研究中提出，新媒体环境下的信息多样化致使学习方式和获取信息的平台与途径越发新颖与多元化。新媒体的迅速推广使用，成功打开了现代大学生观察世界、了解社会的视角，更方便学生汲取和掌握相关信息与知识。叶春桃和马俊(2019)提出，新媒体已被当代大学生当作不可或缺的生活元素，通过新媒体，他们可以轻松表达个人观点与意见，具有快速获取信息的能力，也具备准确辨别鱼龙混杂的社会信息的能力。曹凤才、田维飞(2008)根据新媒体互动与虚拟特性的调查研究指出，在新媒体影响下，大学生娱乐与消费方式发生了重大改变的同时，受社会信任危机影响，加之人格障碍的现实存在，大学生甚至出现对新媒体极度依赖的现象，这就对大学生的自控力提出了新的更高要求。郭万牛和杨芳(2013)立足新媒体语境，紧紧抓住当前新媒体泛滥的科技发展现状，从有碍大学生成长的角度展开深入解析，坚持认为新媒体技术将带来社会性的严重影响，“工具化”特征对当代大学生的生活与学习带来了一定倾向的影响；大学生的理想信念在新媒体“泛娱乐化”的影响下明显弱化；大学生的价值观受应用“碎片化”的影响极为严重。

(3)新媒体给高校思想政治教育工作带来的影响

目前，对高校思政工作受新媒体影响的主要方面的调研的学术研究成果如下：赵颖(2021)认为，新媒体具有的便捷、移动和互动等独特属性，极大地拓宽了思想政治教育渠道，使从事思想政治教育的人员表现出更友善的亲和力。严杰(2019)认为，受新媒体无止境传播的影响，高校思想政治教育环境进一步放开，其教育内容更为丰富，也更具针对性。此外，他还认为，新媒体环境下高校思想政治教育将面对教育导向的严峻挑战，这对思想政治教育提出了新的更加规范的标准与要求，能有力促进高校思想政治教育取得良好成效。刘胤芷、张根兴(2014)等认为，在强劲的新媒体发展态势下，整体思想政治教育工作平台得到拓展，教育新途径持续增加，传统的教育方式与理念被新的合理替代，实现了对高校思想政治教育工作内涵的深入理解与探寻，构建了与时俱进、守正创新的思想政治教育新格局，切实强化了思想政治教育的实效性。

4. 思想政治教育有效性研究

朱承(2021)认为，在社会实践活动中，思想政治教育作用不可或缺，其具有的有效性，与主体需求息息相关，针对性较强，要素相互作用的影响较大。刘峰、吴歧范(2021)提出，在教育学领域，思想政治教育开展的教学必须与时俱进，持续创新，才可以适应教育新环境，展现高校思想政治教育成效。齐佩芳、韦世艺(2006)等指出，思想政治教育具有一定的社会性效果，但其结果无法预见，要根据实际发生的现状酌情而定。沈壮海(2008)经过大量调研发现，这种教育成果的有效性，要在特有的价值关联中形成合理研判，否则将失去对有效性研判的真正意义。陈敏(2005)就思想政治教育的有效性展开深入解读，他们指出，社会中某种活动产生的正向能量，其实质就是思想教育取得了显著成效。鞠波(2004)提出，德育教育的有效性体现在以下三方面的统一：低成本与高效益、个体与社会的效益、内在与外在的效果。王颉源(2021)提出，只有教育者、受教育者、教育环境和媒介这四个方面相互配合，相互作用，才可以获取思想政治教育的最大成效。

5. 大学生思想政治教育传播研究

孙菲(2021)认为，在高校范围内，可充分利用微博与微信展开“两微一端”的活动，进一步提高思想教育影响力，扩大其网络覆盖面。洪涛、张苗苗(2017)提出，应充分利用新媒体的技术应用以及信息与数字等技术，拓宽高校思想政治教育理论的教学渠道，以创新的理念与教学手段，提升思想政治教育的针对性与有效性。王小阳(2019)认为，发挥新媒体优势，实现信息传播的渠道拓展和传播便捷化的整体推进，促进思想政治教育对大学生影响力的全面提升，因此，校方要制定贴近现实发展的思想政治教育传播方略，立足提高其实效性，全力推动思想政治教育新媒体宣教成果的不断拓展，取得理论建设新成效。

6. 思想政治教育传播效果研究

王韬(2007)指出，当前思想政治教育的传播成效欠佳，大多是由于社会环境和人们的思想行为发生了重大改变，对思想政治教育传播效果造成了深刻影响。立足对主体素质的逐步优化，深入调研受众特性，积极拓宽传播渠道，切实提升传播的艺术层次，不断优化发展传播大环境等，旨在构建集科学与理性于一体的正向传播形式，全面提升思想政治教育传播成效，突出其鲜明的时代特性。吕亚琳(2007)分析了过去的思想政治教育传播发现，单向线性传播特征明显，对教育成效形成了极大的阻碍与抑制，因此主张建立反馈机制，用以实现良好的思想政治教育传播成效。张雷(2013)指出，在当前网络大环境中，抓紧抓实思想政治教育的传播效果，必须运用新媒体技术手段，提升师生媒介素养基础教育水平，运用立体化思想政治教育载体的绝对优势，发挥“意见领袖”的基本功能，实现正向的引领与带动。

1.2.2 国外研究概况

国外以“新媒体传播”为课题的相关研究开展时间较长，有关传播学的研究理论和成果已形成体系。大学生思想政治教育传播既具有教育功能，又具有宣教及传播属性。所以，本书选择性吸收和借鉴了国外的媒体传播及宣传等相关理论和成果。

1. 国外关于“新媒体”的研究

国外对新媒体的研究较早。20 世纪 60 年代，美国哥伦比亚广播电视网技术研究所所长 P. 高尔德马克首次使用“新媒体”这一概念，随后该概念逐渐在美国社会流行并扩展至全世界。加拿大学者麦克卢汉最早将这一概念引入传播学，他认为媒介即信息，任何媒介都是人感官的延伸，通过这种媒介，人类的认知、实践活动以及自身才能得到深入发展。荷兰学者简·梵·迪克通过对集成、互动、数字化三大特征的描述明确界定了新媒体，认为新媒体是 20 世纪和 21 世纪之交具有综合、互动特性的运用数字信号的媒介，包括多媒体、互动媒体和数字媒体等。在国外学者关于新媒体的研究中，新媒体对现实社会生活的影响成为其研究的主要聚焦点，并从多个维度展开，一是从技术角度，探讨信息技术革命对经济、文化、社会等方方面面发展的影响，分析它们之间的相互作用，重新塑造了人们的生活场景；二是基于传播的角度，揭示新媒体传播方式相较于传统交往方式的新特点，指出这种新特点深刻影响了人的自我感知和现实；三是从社会角度，关注新媒体对现有社会交往结构、规范体系及社会治理模式的塑造与改变。

新媒体对于思想政治教育表现出一些新的价值特征。托夫勒(1991)认为，相对于传统媒体，新媒体消解了传统媒体(电视、广播、报纸、通信)之间的边界，消解了国家之间、社群之间、产业之间的边界，消解了信息发送者和接受者之间的边界。新媒体的这种消解力，有利于高校思想政治教育工作者逐渐消除师生之间的隔阂，拉近双方的心理距离，从而较为轻松有效地开展思想政治教育工作，提高高校教育质量和效率。Listen. com 的创始人 Rob Reid 认为，新媒体发展带来了信息传播的全时、全域、全互动、去中心化特点，迸发出强劲的号召力，对每个人的思想情感和价值观念产生了深远影响，可以说，新媒体的传播过程就是大众接受教育的过程。新媒体的发展让媒体生态发生了深刻变革，让受众可以直接参与到信息产业价值链的上游。美国新闻集团的默多克表示，新闻提供者应更加熟知网络，停止对受众说教，新媒体应成为对话的场域和目的地，以使主播、受众等进一步延伸讨论，相互契合。大学生通过新媒体能免费享用大量信息资源，这让他们感到前所未有的尊重和满足，极大地激发了他们参与教育活动的意愿。

2. 国外思想政治教育的实践研究

世界各国的思想政治教育根植于不同的文化土壤，由于历史文化基础、国家制度构造和社会生活方式的不同，表现出不同的传播方式、内容及特征。

在传播方式上，国外思想政治教育主要通过政府、学校、家庭、宗教等多种途径进行。西方发达国家非常重视思想政治教育工作的开展，认为该项工作的好坏直接影响到大学生的世界观、人生观和价值观的树立，进而影响到该国经济、政治、文化等发展目标的实现程度。西方政府直接参与引导大学生思想政治教育的发展，并通过立法为思想政治教育提供法律依据和保障。如法国教育部在《法国教育体制改革》中指出，教育的目的是培育自由社会的公民，公民的思想品德教育是学校的主要责任；德国《联邦德国教育总法》规定，大学要培养学生在一个自由、民主和福利的法律社会中对自己的行为有责任感。在学校教育中，采用多元化、多层次的教育方式，注重实践教学，对大学生进行思想教育，让学生践行良好的道德行为。如德国在学制上安排了较长时间的生产劳动实习，其是重要的教学实践环节，也是重要的劳动教育方式。

政治教育、道德教育、法制教育等是国外大学思想教育的主要内容，爱国主义教育和政治认同教育两方面是国外大学思想教育的具体体现。如美国、英国等一些发达国家的思想政治教育涵盖社会科学和人文学科等领域，方式丰富多样，不局限于某一种形式和风格。通过通识教育传授给学生文化、知识和技能的同时，潜移默化地传输思想政治教育。美国主要把宪法和《独立宣言》作为最高经典向大学生进行传播和灌输，宣扬美国的三权分立政治制度和民主、自由、平等、博爱的价值观。国外很多高校设立了思想道德理论认知课程，如美国很多高校规定，任何专业的本科学生，前两年都必须学好文化基础课，并将西方思想史、美国现代文明、政治、哲学等作为必修基础课。如日本东京大学设有教养学科，进行跨学科教育和科学研究，使学生在掌握专业知识的同时提高个人素养，所谓的教养学科包括东洋思想、人类行动学、现代科学论、政治学理论等。还有的学校设有讲座课或者会开展学术活动，施教者既有教授、社会名人，也有政府官员、企业家。这些课程或学术活动做到了理论联系实际，而且方式具体形象、灵活多样。

汤姆森(1999)总结了国外思想政治教育的主要特征，认为其具有教育方式的隐蔽性、教育目标的政治性和社会发展的适应性等显著特点。国外并没有专门的思想政治教育学科，他们将相关的教育内容和理念渗透在学科教学中，将政治教育转化为知识教育，体现出较强的时效性。西方教育重视思想政治教育的政治功能，将其作为确保资产阶级统治地位、巩固和发展资本主义制度的重要工具。如俄罗斯独立后，学校高举爱国主义旗帜，通过“二战纪念馆”中的英雄雕像、从卫国战争的战场中挖掘出的战争遗物和英雄事迹等对学生进行爱国主义教育，增强大学生民族精神的生命力和号召力。国外思想政治教育能顺应本国经济发展需求，为经济发展提供思想动力，同时重视利用社会文化建设资源，让学生更好地为社会实践服务。

3. 国外关于“新媒体‘轻传播’环境下思想政治教育”的研究现状

西方思想政治教育的主要模式是使学校德育重点与学生、学校和地方等外界情况紧密结合起来，他们普遍赞同外界环境在学生道德行为举止中起着重要作用的观点。随着互联网的发展和新媒体的兴起，西方德育教育逐渐向综合化、网络化方向发展，强调新媒体对学生思想意识的引导作用。电视、广播、电影、录像、互联网技术等被广泛应用在思想政治教育活动中。如英国的道德教育注重通过新媒体的影响强化政治养成，在新媒体发展中强调把占统治地位的意识形态需求放在优先考虑的地位，相关新媒体从业人员做的工作就是直接参与国家的政治活动和意识形态活动，从而培养大学生的政治判断能力，引导学生认定自由民主制度的价值。

美国依靠其先进的信息网络技术的优势，努力探究把大量国民思想政治教育内容融入媒体网络进行宣传教育的办法与路径。同时，根据美国发展战略的需要，政府投入大量的资金建设众多鼓吹美国民主政治的网络平台，如美国综合性网站新闻网，该网站主要宣传民主政治和政府相关信息，并有大量介绍美国政治制度的内容。可见，经过长期的实践，美国已经建立了一个信息网络完备、手段丰富多样、渗透能力极强的思想政治教育体系，积累了在经济全球化背景下向国外输出意识形态的丰富经验。英国同样十分重视国民思想政治教育，也斥巨资建设了大量宣传资本主义社会文化、政治及价值观的传播媒介，如大众传播媒介 BBC，其是由英国政府直接控制的官方媒体，有组织、有计划地开展国民思想政治教育始终是该传播媒体的主要目标。日本历来高度重视本国的思想政治教育，并非常注重借用新媒体网络平台宣传思想文化、道德价值观及民主政治等，甚至将之视为政治领域内除官僚、政党、利益集团之外的第四种势力。新媒体具有传播速度快、传播面广、参与度高等优势，能够较好地对社会起到舆论监督的作用，因为其可以通过聚集民意、引导大众舆论对政府的决策施加压力，也可以曝光在经济社会发展中出现的众多阴暗事件。此外，日本政治家们也非常重视借用新媒体平台来宣传自己的政治目的与意图，以争取获得更多选民的支持，为此，他们会竭尽所能地与新媒体搞好关系，以争取新媒体的大力支持。

西方国家比较重视全社会思想教育的协同，注重新媒体和教育主体、教育方式的相互配合，注重新媒体与政府、社会和学校等领域传递思想教育信息的一致性。2015 年，美国“课程发展与管理协会”提出了一份有关加强学校德育的报告，报告指出，要把新媒体、父母、商界、宗教团体等教育力量联合起来，为大学生打造一个有助于德育目标实现的社会文化环境。以美国为首的西方资本主义国家的新媒体宣传报道遵循的基本准则是对本国的国家制度及传统文化的高度认同，同时，还需要对其他不同的意识形态进行批判。

通过对国外相关文献的搜索发现，国外学界在总结“思想政治教育”概念时，并未把其作为独立定义进行系统总结，因此，以新媒体时代思想政治教育为课题的相关研究从严格意义上说并不具备现实基础。进入 20 世纪 30 年代后，媒介环境低俗和肤浅的表现日益明显，学者 F. R. Leavis 和他的学生达成共识并首次提出媒介素养教育概念，同时认为其阶段性特点突出，并把相关范式细化为免疫、甄别、批判和赋权等阶段。以澳大利亚等为代表的很多国家高度重视媒介素养教育，并把其作为学校教育课程体系的重要组成部分。媒介素养教育领域的知名学者指出：人们对媒介素养教育在认知上发生质的改变，与学生媒介体验的传统对立身份不复存在，不再简单地把其定义为存在于意识形态领域中的识别手段和隐蔽洞察方法。在新媒体素养课堂教学领域，W. 詹姆斯・波特利用 *Media Literacy and Learning* 一文系统阐述其理论成果，他强调教师要充分利用课堂教学的便利条件，以安全性和健康性为原则，结合学生个体特点和教学实际需求提供各种针对性信息；要发挥引导作用，与学生全面交流对电视节目和报刊专栏的看法，深层次讨论对杂志广告和流行歌曲等的观点。

1.2.3 研究评述

综而观之，以上学者从不同的角度出发，研究了新媒体与思想政治教育相关的问题，这些研究成果为本书的深入研究拓宽了视野，积累了资料，奠定了基础。但从研究现状来看，仍存在一些不足，具体表现如下：

第一，以思想政治教育传播学为主题的相关研究未打破学科壁垒，交叉研究尚浅。学者在相关研究中多从学科层面逐步展开，对教育者主体所能发挥的作用关注度较高。最近几年，学者逐渐意识到即便教育传播者能够发挥最大作用仍无法有效解决思想政治教育有效性的提升难题，大学生既是受传者，同时也是受教育者，他们的参与应该更加积极主动，所以思想政治教育主体模式应具有沟通性和交往式等鲜明特点，但相关研究多从哲学视角和思想政治教育学科层面展开，仍未突破传统理论束缚，在实践中缺乏创新性探索与尝试。此外，还有部分学者站在传播学角度，从传播模式和传播内容等方面对思想政治教育展开深入研究，并把思想政治教育传播学纳入学科体系，但目前的研究主流也只是一种理论复制或是传统传播学的视角研究，并没有从新媒体传播视角进行传播的有效性和针对性研究，也没有完全形成独立的思想政治教育传播学研究模式和话语体系。通过文献搜索可知，现阶段以高校大学生思想政治教育为主题，并从新媒体“轻传播”角度展开的研究鲜有成果。从已有成果来看，大都是讲理论教育的“轻传播”，而不是媒体的“轻传播”，这也为本书的深入研究留下了巨大空间与价值。因此，如何科学、合理地引入传播学研究成果以进行深入研究，并在思想政治教育传播学内部搭建理论框架、实践路径，是一个极具挑战的研究课题。

第二，在新媒体环境下，大学生是新媒体的主要使用群体，他们是“受众”，是信息的接受者，但也是“传者”，是信息的传播者。这种变化推动了高校思想政治教育变革的不断深入。目前以思想政治教育传播为主题的研究关注点主要聚焦在传播效果方面，从受众角度展开的研究不深入且零散。特别是随着以数字化等为典型特征的新媒体“轻传播”时代的来临，新媒体的影响力持续增强，生活在“拟态环境”中的大学生(受众)在信息获取方面变得更加主动和积极，选择意愿逐步提升，他们在信息选择和接受阶段容易受到外界因素的干扰。笔者通过知网检索发现，目前从新媒体环境角度探究新媒体对大学生（受众）的思想状态、行为规范的影响，特别是从认知模式、心理特点、行为特征、信息来源和信息选择等层面对大学生展开的综合研究不多，而运用相关实证调研的更是少之又少。因此，把大学生作为研究目标群体，思想政治教育传播路径的选择要与大学生接受能力相匹配，需要进一步拓宽思想政治教育的传播路径，并把提升大学生思想政治教育有效性、针对性等问题作为今后研究的重要内容。

第三，思想政治教育传播模式研究需要新的思路。从思想政治教育传播模式角度分析，现阶段理论界已就传播模式达成双向互动型的共识。诚然，学者受个人见解和学识等因素影响，虽对该种传播模式的表述各不相同，但都是对传统灌输模式的创新和突破。本书基于新媒体“轻传播”环境，旨在充分发挥新媒体“轻传播”在传播场域、传播内容、传播渠道、传播成本等方面的优势，努力促使大学生思想政治教育的有效性能够得到不断提升，坚持立德树人原则，推动高校思想政治教育工作不断深入。

1.3 研究思路、方法与创新点

在研究思路清晰、研究方法得当及梳理相关文献的基础上进行科学的创新，是做学术研究的基本要求，也有利于本书的后续深入研究。

1.3.1 研究思路与逻辑结构

1. 研究思路

新媒体网络传遍世界每个角落，也成为高校思想政治教育工作改革不断深入的动力源泉，怎样从新媒体“轻传播”时代特征入手，探索大学生思想政治教育有效性的提升路径和可行性办法，始终都是高校思想政治教育部门必须面对且要紧迫解决的现实问题，也是课题研究的核心问题。“是什么，为什么，怎么做”是本书遵循的基本逻辑。本书的理论基础除马克思主义理论外，还有思想政治教育学理论，应用多学科理论进行跨学科探索，核心议题是在新媒体“轻传播”时代背景下对大学生思想政治教育有效性的提升路径进行探索和开发，并在此环境下从思想政治教育传播层面对大学生现状等问题进行探讨，把各因素作为分析变量，始终以问题为导向，探究大学生思想政治教育有效性提升的方案。及时总结指导性、可操作性强的科学经验和做法，深入探究提升大学生思想政治教育有效性的合理路径和科学渠道，推动高校顺应新时代特点积极开展思政课改革创新。

2. 逻辑结构(图 1.1)

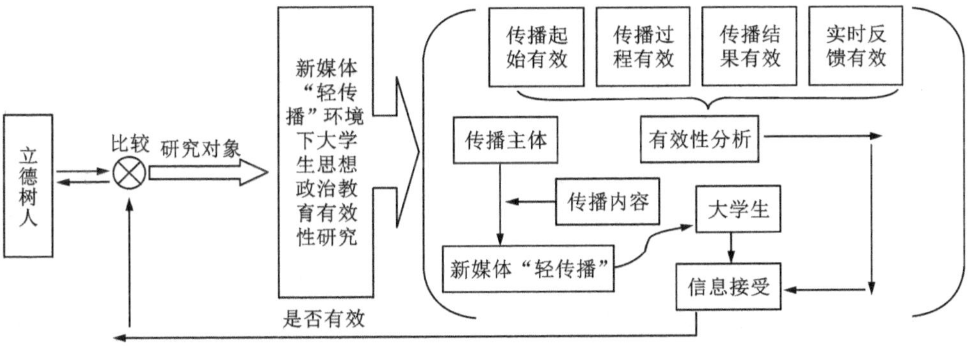

图 1.1 研究的逻辑结构

1.3.2 研究方法

第一，比较研究法。此方法多用于文章中大学生思想政治教育分别基于新媒体和传统媒体的环境背景，从有效性角度进行全方位对比和综合性比较，在共同点和区别点的总结提炼过程中，从普遍性和特殊性两方面掌握其内在关系和规律，进而总结出与新媒体“轻传播”环境相适应的大学生思想政治教育有效性提升方案和可行性措施。

第二，调查研究法。传播学的学科特点决定了其调查以实证方法为主，特别是以传播效果和受众为主线的对大学生思想政治教育传播效果的研究，应该把调查作为核心研究方法，并需要高度重视此研究方法的应用。所以，本书以问卷形式对研究中涉及的理论和相关问题展开针对性研究。2021 年 11 月对目标院校进行了问卷调查，以期准确掌握当代大学生进入新媒体“轻传播”时代后的思想波动情况和政治表现。在问卷中，以大学生的思想状态和政治认知等为主线全面分析了大学生通过思想政治教育的传播渠道接收相关信息后的真实表现，以此为依据并结合新媒体“轻传播”时代背景，探究提升大学生思想政治教育效果的可行对策。调研对象主要有江西财经大学、江西师范大学、江西农业大学、华东交通大学、江西科技师范大学、江西机电职业技术学院等，发放调查问卷 810 份，收回调查问卷 800 份，有效调查问卷 800 份。通过此次围绕大学生思想政治教育有效性展开的实地调查，其凸显的问题有大学生思想与心理问题、教育理念与新媒体时代脱节、传播内容针对性不强、与教育主体契合度不高、大学生认可度不高等。在今后的研究中必须把这些问题作为研究重点和解决目标，以思想政治教育有效性为着眼点，探索满足大学生全面发展需要的思想政治教育可行性路径，为全面建成社会主义现代化国家不断培养合格建设者和优秀接班人。

第三，交叉研究法。新媒体的概念起源于传播学，因此研究新媒体“轻传播”环境下大学生思想政治教育有效性问题，应重点从传播学中找寻相关理论，以透彻把握新媒体及其传播规律。因此，本书的研究在多学科的知识借鉴中得以深入开展。同时，通过深入研究与本书研究密切相关的学科经典原著、原作、原论，并对国内、国外关于新媒体对大学生思想政治教育传播影响的文献进行梳理，为新媒体“轻传播”环境下大学生思想政治教育有效性研究夯实了理论基础，拓宽了研究视野。

1.3.3 主要创新点

第一，研究视角创新。在已有的研究理论成果中，从新媒体角度探讨对思想政治教育的影响和作用的相关论文比较多。而从大学生思想政治教育有效性角度展开研究的文献不多，这为本书以“新媒体轻传播环境下大学生思想政治教育有效性研究”为题目的研究留下了较大空间。科学、合理地把传播学理论与实践研究成果引入思想政治教育学科研究具有较高的理论价值与现实意义，是本书的一个亮点。

第二，研究方法创新。本书的写作内容涵盖教育学、传播学、社会学、心理学方面，具有理论研究的交叉性和研究方法运用的综合性，有利于进一步拓宽思想政治教育学科研究的视野。

第三，相关概念的创新。明确概念是开展研究的前提，新媒体“轻传播”时代是本课题研究的时代背景，大学生思想政治教育有效性是研究主线。本书通过论述新媒体“轻传播”时代的产生背景和发展趋势，厘清了新媒体和新媒体“轻传播”时代的本质和特点，此外，还创新提出了“新媒体轻传播”和“重传播”的概念，在一定程度上实现了概念创新。

第 2 章
新媒体、传播、思想政治教育相关概念及其理论准备

研究新媒体“轻传播”时代背景下大学生思想政治教育有效性的问题，需要厘清新媒体“轻传播”“重传播”及“大学生思想政治教育”等相关概念及特征，为后文的深入研究打下坚实基础。

2.1 新媒体与传播的相关概述

在谈及媒介技术与人的关系时，麦克卢汉提出：“人的关系与活动在形态、速度和规模等领域的变化是判断媒介最大影响力的直接依据。”

新媒体的应用与普及改变了人们的生产与生活，推动了社会的进步，如今新媒体的名声响遍全球，然而人们对新媒体内涵的认识却依然模糊，学术界对新媒体内涵的研究非常重视，从不同的角度作了重要的阐释，为新媒体后续的研究提供了条件，奠定了基础。

2.1.1 新媒体相关概述

1. 新媒体的概念界定

新媒体曾被单指是网络媒体，但随着手机媒体的出现并迅速普及，现在新

媒体已成为一种统称，既包含手机媒体，也包括网络媒体，随着人工智能不断升级，云计算及大数据技术日益完善，并在发展过程中与新媒体深度融合，一些学者认为，应对新媒体进行精准定位，称之为“数字化互动式新媒体”，或者叫“智媒体”。一种比较流行的说法是：新媒体的概念有迹可循，最早可追溯到20 世纪 50 年代末。麦克卢汉指出：“新媒体颠覆了印刷术长达 500 年的媒介统治地位。”20 世纪 60 年代末，美国传播政策领域的专家以报告书的形式向尼克松总统介绍“新媒体”的概念。“新媒体”一词在美国逐渐流行，并被社会广泛认同和普遍使用。美国权威杂志对新媒体概念进行高度概括：“把传播者和受众者均定义为所有人(communications for all，by all)。”

学术界从不同的角度对新媒体的概念进行界定。冯昭奎(1986)认为，“新媒体颠覆了信息传播载体认知和工具应用习惯，如：光纤图像通信和计算机网络等，这些载体的部分功能打破了‘传统媒体’的制约，功能强大而全面；如：双方向有线电视，在原有的广播功能基础上开通了通信渠道，在听众与广播台之间搭建对话平台”。黄升民(2010)提出：“依托网络和数字技术，按无限原则打造新媒体关键要素，并表现在需求、传输和生产等方面。”匡文波(2012)认为，“新媒体是把计算机和数字设备(具有计算机典型特点)作为信息传播媒介，数字化特点鲜明，互动性特征突出”。彭兰(2016)提出：“新媒体在数字、网络、通信和信息技术支持下，以载体和平台为存在形式，除具有互动性外，还有融合特点，目前新媒体除传统的网络和手机外，还有一种具有二者优势的移动互联网和数字媒体形式(具有互动性)，此外，‘新媒体’通常是专门性机构的代名词，这些机构以上述媒介为载体从事与新闻和其他信息相关的各类服务。”

综上观之，目前，学术界关于新媒体的概念主要从技术和社会学两方面来界定：新媒体是传播者在移动通信等技术支持下，基于受众需要开展针对性信息服务的各种载体，在传播速度、传播范围和传播内容等方面分别具有快、广、新等特点，具有轻传播、重内容的优势，是一种有别于传统媒介的新型媒体形态。其正与人工智能、大数据等新技术结合，不断推动智媒体时代的到来，日益改变着人们的生产、生活和学习方式。在以上文献梳理的基础上，本书进一步认为，“新媒体”概念至少有三个判断截面：一是以出现的时间先后来判断新媒体或旧媒体。一般新媒体相对于传统媒体，问世的时间较短，比如微博就比电报出现的时间更晚。二是以技术是否先进、功能是否令人们满意来判断新旧媒体。新事物的产生和旧事物的灭亡，这既是自然运作规律，也是社会发展规律，新事物之所以新，是因为它比旧事物功能更完善，更能够满足人们发展的需要，自然就会得到人们的大力支持。新媒体相对于传统媒体具有联系便捷、快速传播及双向互动等优势，深刻改变了人们的生产和生活，促进了社会的进步，所以得到了人们的支持。三是以数字化和交换性为基本特征来判断新旧媒体。新媒体主要依托数字化技术促使人与人之间的联系实时化、可视化、智能化等，其整个联系过程是双向互动的，极大地提高了传播的有效性。在现实生活中，如微博、微信、QQ 及短视频等，这些平台由于满足数字性及交互性，所以是新媒体。而大街上的电子显示屏，尽管是数字化的，但人们只能观看，无法做到实时互动，所以就不属于新媒体。此外，基于目前对新媒体概念的提出及传播模式的建立，本书提出以下两个新概念，力求为新媒体的深入研究尽微薄之力。

第一，新媒体“轻传播”。笔者尝试把“轻”传播纳入新媒体“轻传播”时代背景下大学生思想政治教育传播体系，立足于马克思主义理论与思想政治教育学科理论，同时借鉴传播学相关原理，从受众的角度出发，通过对思想政治教育内容进行“轻”表述，即灵活运用新媒体，以文字、影像、动画、图表等为表现形式，打破文本语言应用壁垒，提升理论表述的真实性和生动性，使其具有浓厚的生活气息，提升感受真实性，让思想政治教育信息内容更加有效地飞入大学生群体。

第二，“重传播”。在传统大众传播环境里，高校思想政治教育工作者主要运用课堂教学、座谈会及面对面交流的方式进行单向、反复地灌输教育。

以上两个概念还不成熟，笔者后面将继续深入研究。

2. 新媒体的类型

随着时间的推移、互联网技术的更新、人们需求的升级，新媒体日益壮大，种类也更加丰富而多样，发展前景一片光明。新媒体的“新”除指传播技术和模式外，同样也适用于媒介形态，可从不同层面和角度对新媒体进行分类，本书所使用的分类标准具有普遍性意义，即以硬件设备终端为划分依据，把新媒体细化为计算机、手机和数字电视三种不同的终端类型。

第一，以计算机为终端的新媒体。网络媒体既有图片和画像的展示功效，也有文字和声音的使用功能，作为一个综合体优势显著，主流网络媒体除门户网站外，还有博客和微博等。此后，门户网站的服务项目在市场竞争的推动下日益丰富和多样，并以“超级市场”的形式存在于网络空间中，从 1998 年开始，以新浪、网易、搜狐等为代表的主流门户网站在我国相继成立。目前，除上述知名门户网站外，还有一些具有特色服务的门户网站，如：携程旅行网、搜房网等。新媒体首先把计算机作为终端，并在全面推广过程中，将之作为其他新媒体类型的模仿目标和参照样本，在此基础上实现模型更新与升级。

第二，以手机为终端的新媒体。手机是基于便捷方面的考虑，为满足人们在移动过程中的交流需求而设计的。信息技术的更新丰富和拓宽了原有的通话和短信功能，手机成为“万能宝”，虽体量小，但功能强大。除交易和上网外，还能进行查询和娱乐，现阶段想要把畅游世界的想法变为现实只需一部小小的手机。如今人们对手机的依赖度越来越高，手机逐渐演变为人们生活的“主角”。

第三，以数字电视机为终端的新媒体。随着通信技术的升级与发展，传播形态日渐丰富和多元，除无线数字电视和楼宇电视外，还有车载电视。各类电视新媒体从视听层面带给用户全新体验，直播、娱乐和点播等功能丰富着人们的生活，为其增添了无穷乐趣。

3. 新媒体的传播特征与功能

(1) 新媒体的传播特征

新媒体作为互联网与移动通信技术结合发展的时代新产物，具有其独特的自身优势，能够很好地满足人们个性化发展的愿望，得到人们的喜爱与支持，所以迅速普及，被应用到生活中，冲击和改变着人们的工作、生活模式。新媒体能对经济、政治、文化、社会、教育等方面产生重大影响，究其原因，离不开其自身的传播功能与优点，通过分析与归纳，其具有以下特点。

第一，突出个体性。新媒体也是大众媒体，它的传播对象是人民群众，传播对象具有无差别性，拥有大众媒体的基本功能和一般特征。同时，新媒体作为一个全新事物，是数字化、互联网和移动通信等技术发展的必然产物，具有传统媒体不可比拟的特征。个体性是新媒体的内在特质，也是其本质特征。新媒体可以利用成熟的网络技术，特别是人工智能与大数据技术的深度结合，为每位受众提供个性化、深受人民喜爱的内容，比如你在短视频里第一次搜索你感兴趣的内容，后面网络平台会利用大数据不断推送大量此类你喜爱的内容，满足你个性化的需求。在新媒体时代，人人手握麦克风。对于信息而言，每个人都身兼传播者和接受者双重身份，人人可以利用QQ、微博、微信朋友圈抒发自己的心情，表达自己的观点，也可以利用短视频平台拍摄精彩感人的视频，并可以在系统里设置好访问限制，让部分或者全部朋友访问，实现个性化传播，而这些功能在传统媒体中是无法实现的。

第二，传播的实时性。科技就是把不可能变成可能，尽量方便人们的生活。新媒体是高科技发展的产物，具有高动能、高感知、强联系的优势，能缩短距离，加强沟通，瞬时见面，实现随时随地有效联系，即实现可视化与实时化，这是新媒体功能实现的基本目标。随着新媒体的大面积普及与应用，其越来越成为人们生活不可或缺的部分，人们可以利用微博、微信、QQ及短视频来学习、工作，获取价值信息，关注最新动态。不难发现，新媒体时代的人们逐渐少用书信、电报及电话沟通交流，而开始借用微信语音视频、抖音及腾讯会议进行可视化、实时化的交流与联系。我们强烈感受到世界很大，却又很小，你我很远，似又很近，一个语音随时能听，一个视频随时能见，一条信息分秒传遍世界每个角落。

第三，交流虚拟性。在新媒体“轻传播”环境下，人们的沟通与交流是在虚拟的云空间里进行的，其交流的信息具有虚拟性的特征。即便如此，人们交流也不是赤手空拳上阵，而是借用以大数据、人工智能及虚拟仿真等先进技术为基础的新媒体实现虚拟交流。通常，人们利用手机媒体将文字、声音及图片实时传递给对方，这些信息以一种无形却可感知的方式持久存在，既看得见，又摸不着，并且使得交流的对象跨越了国籍、地域、年龄、性别、民族及职业的界限。这样的交流方式极大地实现了人们交流实时化、可视化、自由化的梦想。同时，由于新媒体网络具有隐匿性、虚拟化的特征，每一个新媒体使用者都可以自由表达自己的想法与观点，轻松愉快地在云端与他人沟通交流。作为新媒体主要使用群体——大学生，可以利用新媒体网络学习、交友与购物，可以不用到实地参观旅游，而是利用VR实现虚拟式、沉浸式参观学习。总之，人们不再局限于到现场去工作、学习、购物与交友，而是可以利用功能强大的新媒体来体验精彩生活，深刻感受这个数据化、智能化及虚拟化的时代的特点。

第四，双向互动性。双向互动性使信息传播路径不再是从传播者至受众这一单一传播链。传统媒体中，传播者拥有传播的主动权，但无法与受众实时互动交流，不能及时收到受众的反馈信息，传播有效性不高；作为受众，只能被动接收信息，不能向传播者反馈意见，无法真正做到随时联系、有效沟通。然而，随着新媒体的广泛应用，这一单向传播有效性不强的尴尬局面已被改变，新媒体“轻传播”时代到来，人人都是信息的制造者和传播者，与此同时，人人也都是信息的接受者，传播者与受众在新媒体平台进行双向互动交流，分享经验，不再受时间、地域的限制，传播的有效性大大增强。

(2)新媒体的功能

新媒体以其广泛的传播内容、惊人的传播速度、自由的传播空间、智能化的传播能力著称于世，其强大的功能惠及社会的方方面面，对人们的生产与生活产生了广泛而深远的影响，极大地推动了社会朝着满足人的全面发展需要的方向前进。

第一，舆论功能。舆论一般是指公众的言论，是人在某时间、地点，对某行为公开表达的观点，是不同信念、意见和态度的总和，体现的是多数人的共同意见。而社会舆论通常代表人心趋向，是人们行动和相关事态走势的关键影响因素。

习近平总书记提出：“做好党的新闻舆论工作，事关旗帜和道路，事关贯彻落实党的理论和路线方针政策，事关顺利推进党和国家各项事业，事关全党全国各族人民凝聚力和向心力，事关党和国家前途命运。”

由此可知，习近平总书记认为，新闻舆论工作关系到中华民族的未来走向。在新媒体“轻传播”时代，各种信息错综复杂，严重影响党和国家意识形态领域的安全性，基于此，如何顺应新媒体时代背景，确保党开展舆论新闻工作的正确性和实效性，习近平总书记进行了专门指导：“党的新闻舆论工作是党的一项重要工作，是治国理政、定国安邦的大事，要适应国内外形势发展，从党的工作全局出发把握定位，坚持党的领导，坚持正确政治方向，坚持以人民为中心的工作导向，尊重新闻传播规律，创新方法手段，切实提高党的新闻舆论传播力、引导力、影响力、公信力。”

综上所述，习近平总书记从全局高度、战略层面明确了新闻舆论工作的重要性，综合论述了党的新闻舆论工作的核心内容。由此可知，在坚持党和政府正确领导的前提下，坚决做好新闻传播工作，需要巩固舆论主阵地，坚持舆论主导权，积极宣传社会主义价值理念，为社会主义培养优秀接班人。此外，我们也深知新媒体与舆论是紧密相连的，新媒体是舆论传播的平台，新媒体信息是舆论的发源地，舆论主体与新媒体主体合二为一。因新媒体信息均来自舆论，新媒体以各类平台为载体，重要作用主要有以下三个方面。

①产生舆论。舆论是一种群众集体表达的意见与观点，群众是舆论的主体，参与人数越多，说明意见越统一，舆论强度就越大。如果群众对某一个问题关注度不够，参与的人数较少，就很难产生舆论。因此，一句话概括，群众参与的数量与程度直接决定着舆论的产生、扩散及影响。在新媒体时代，人民群众可以利用新媒体和自媒体自由、快速、广泛地参与热点话题的讨论，并在弹指一挥间发表自己宝贵的意见与观点，其意见与观点在新媒体平台汇集，就很容易形成舆论风暴。

②传播舆论。公众意见在媒介中扩散，在传播中不断强化，并最终形成舆论。在传统媒体里，受地点、时间及人员身份的影响，要产生一定强度的舆论比较困难。而在如今新媒体环境下，新媒体由于具有透明、实时传播、自由参与等优点，很容易将某一个“热点”话题扩散，滚动成舆论，并很快无限传播。

③调节舆论。舆论的强度与公众对某热点问题的关注度有关，这两者之间往往是成正比的。在新媒体时代，公众获取信息的渠道多样且快捷，人们可以轻松自由地对某一个网络热点问题加以关注，并表达自己的观点和看法，他们越关注这个问题，则舆论的强度越大，范围越广，这便可设置并调节舆论功能，使之反映民意，弘扬社会主旋律。

第二，娱乐功能。娱乐功能往往指通过观看某种艺术或者作品活动，使人们的审美得到满足、精神获得享受等。在新媒体时代，人们通过新媒体网络平台可以便捷获得各种各样的信息，满足人们休闲娱乐、心理调养、精神放松等精神生活的需要，这便是新媒体的娱乐功能。当前，在不同年龄阶段，使用新媒体关注的内容有所不同，但最终使自己心情愉悦、自我满足的娱乐目的是一致的。中老年人使用新媒体，大多是通过专门的 App、短视频、微信等关注时政新闻、健康理疗及宣扬传统文化的影视剧等，使自己心情愉快，精神焕发。而青年群体更多使用短视频、微信、微博及 QQ 等新媒体来获取大量的娱乐新闻、音乐游戏、影视热剧等内容，也可以把自己快乐的瞬间上传到各大新媒体平台，将自己的幸福与不幸同网民分享，从而满足自己减轻压力、放松自我、自娱自乐的心理诉求。

第三，文化功能。在新媒体时代，最流行的是网络文化，新媒体是网络文化的载体。人们通过新媒体获取各种各样的价值信息，无形中网络文化在发挥着陶冶情操、文化感人的功能与作用。新媒体对文化所起的作用是巨大的，主要表现在以下三个方面。

①生产文化。海量信息、无限交流、实时传播的新媒体时代，人们每分每秒都在借用新媒体平台发布内容、转发信息、感性评论等，让每一个文字在新媒体网络里流淌，他们既是在传播信息，也是在生产不同的网络文化，其内容涉及政治、经济、科技、教育、文化等多方面，以满足人们日益增长的精神文化的需求。

②传播文化。传播文化主要是指文化的传播与扩散，强调的是人类文化由文化发源地向外传播与扩散的过程，传播状态可分为直接传播与间接传播。在新媒体“轻传播”环境下，新媒体可以更加快捷地传播各种文化，突破了传统媒介在时间、地域、身份上的限制。新媒体既能展示文字和图片，又能播放视频和声音，彻底颠覆了以往报纸、广播和电视单一的接受模式，极大地促进了文化的扩散与传播。

③沟通文化。文化的先进性在于其创造性，世界不同国家、不同民族有权创造其先进文化，世界的文化也因各国文化的多样性而繁荣。中国是世界文明古国，中华文化历史悠远、博大厚重，尤其是中国特色社会主义文化，它极大地改变了中国，也极大地影响了世界。文化的魅力与使命在于沟通，促使世界更加和谐、繁荣。中国始终坚持互相尊重、相互学习、开放包容的文化政策，提倡“百花齐放、百家争鸣”的文化方针，愿与世界各国相互学习，沟通交流文化，共同推动世界文化不断向前发展。如今，在新媒体时代，新媒体网络具有无界性的特点，可以促使世界各国人民利用新媒体网络宣教自己独特的文化，通过文化传播，起到文化沟通交流的作用，让世界少点冲突，多点和谐，共建世界文明，共享世界繁荣。

第四，育人功能。教书育人、立德树人本是教育者的神圣使命。教育者可以利用新媒体，借助其海量的信息力、实时的传播力、即时的反馈力，传播先进文化，宣教主流价值观，使被教育者有效接受教育信息，达到润物细无声的育人目的。新媒体的育人传播功能突出体现在以下三个方面。

①育人范围广。学校是我国开展教育事业的主要承担者，而学校老师又是提高我国社会主要教育水平的关键执行者。以往，学校根据党中央及教育主管部门的要求，合理安排教学内容，有计划地在校园内开展教学，教学的场地局限在校园内，教学的对象限制在课堂学生，教学的范围控制在教材，因此整个育人范围受到了极大的限制。然而，在新媒体时代，学校的老师可以利用新媒体的独特优势开展线上教学，这是一种开放、自由、双向的教学模式，教学的

范围突破了时间、地点和人员身份的限制，能让更多的人接受更快、更好的教育。

②信息搜索快。新媒体依托海量的信息存储能力、强大的数据分析能力及快速的推送力，能够为人们提供快速便捷的信息搜索功能。广大新媒体使用者依据自己的信息需求，在新媒体网络里输入关键字就可以进行广泛搜索，获取相关信息，满足他们对信息的个性化、特殊化需求。

③学习成本低。新媒体内容具有海量性与开放性特点，涵盖经济、政治、教育、科技、文化等较全面的知识内容，是名副其实的网络图书馆，且大部分的知识内容是免费开放的，人们可以利用新媒体快速查找自己喜欢的信息内容，进行深入学习，并且不受时间、地点的限制，也不需要花费较多的财力和精力，学习成本很低。

④信息获取与反馈功能。新媒体时代的最基本特征是海量信息内容、快速传播能力、即时互动能力，是“轻传播，重内容”。人们可以在新媒体平台打开“信息阀门”，根据自己的需求输入关键字，检索最符合要求的信息，从深度和广度等多种视角观察世界动态，如科学文化、时政要闻、财经信息、天气情况等，不断拓宽视野，丰富自身知识，提高综合素养。新媒体集人际和大众媒体之长，传播者可以在交流过程中积极推广定制化服务，把指定接受者作为传输目标，同时运用共享功能把信息传输给规模不等的大众人群，人们可以充分利用新媒体的开放性和隐匿性特点，与他人进行交流互动，传播信息，分享快乐。

2.1.2 传播相关概述

传播亦称传送或者扩散，主要指在两个相互独立的系统之间，利用一定的媒介和途径所进行的有目的的信息传递活动。通过对传播相关概念的全面分析和对传播内涵的深入学习，为当前新媒体“轻传播”环境下的大学生思想政治教育有效性深入研究提供了相关理论基础。

1. 传播的概念与内涵

(1) 传播的概念

在社会中，传播很常见，不管是人们进行交流沟通，还是建立关系，都可以看成是一种传播。所以，在人类社会中，生活和发展都离不开到处存在的传播行为。在英文和拉丁语中，communication、communicatio 都可以翻译成传播，另外还可以翻译成和传播相近的意思，比如交流、通信、交往等。至于传播的基本概念，在研究领域中存在很多解释，首先以库利为代表，他作为美国社会学家，从社会角度出发，在 20 世纪初对传播的概念进行了定义：传播其实是所有精神象征传递于空间和保存于时间中的一种方法，是人们之间关系成立的关键，同时也是人们发展关系的纽带。在此定义中，传播可以简化为社会互动关系的建立。皮尔士(美国学者)在定义传播的概念时，认为在传播过程中，符号和语义非常重要，在他看来，“只要是观点，都可以看成是符号或符号的集合体，且这些符号可以表明各种意义。”而传播的概念中会出现信息，和信息科学的出现有很大关系，这也是传播学范围变得更大的原因，所以在后续对传播概念的研究中，学者都会对传播的信息属性进行分析说明。以施拉姆和阿耶尔为代表，他们对传播都有着独到的见解，前者将传播定义为“人们与他人共享信息的一种途径”，而后者从广义的角度将传播定义为“信息的传递”。我国学者在定义传播的概念时，就参考了这些研究。在吴文虎的观点中，“传播其实是人类在社会中传递或分享各种信息的一种途径，可以看成是社会活动”。在邵培仁定义的传播概念中，“信息、符号、媒介是关键词，可以将传播看成是期望从中有所收获的一种活动”。郭庆光则认为，“传播其实就是信息在社会中的一种传递方法，其中社会信息系统是传递载体”。可见，对于传播概念的定义，每个学者都有自己的侧重点，但也存在相同之处：一是赋予了传播动态特征，将传播看成活动；二是赋予了传播信息性和双向性，也就是说传播的信息可以实现相互交流。新媒体“轻传播”环境下的传播进一步拓展了传播的概念，是利用建立在网络技术之上的各种平台进行的传播。新媒体传播的方式非常多样，如微信公众号、微博、数字杂志等各类新媒体平台。和传统媒介的传播方式不同，新媒体传播是一种双向传播，信息的发布者和受众之间可以进行互动，每个人既是信息的发布者也是接受者。同时，新媒体传播打破了地域化、国界化的界限，消解了社群、产业之间的边界以及发送者和接受者之间的边界。高校思想政治教育传播在新媒体环境下也出现了一些新的特征，大学生既是思想政治教育的被教育者，也是各种主流意识和非主流意识的发布者和接受者，这就对高校思想政治教育提出了更高要求。

(2)传播的内涵

第一，人类要想开展信息传播活动，必须依赖社会关系，同时社会关系要想被体现出来，必须基于社会信息传播。然而，信息的传播和接受都需要依靠人才能实现。所以，在信息的传播中，可以将人类定位成“因”，也可以将其看成是“果”。施拉姆曾经将传播看成是人们做的事情之一。传播本质上是静止和普通的，但因为人的介入，传播被赋予了生命特性。信息本身并无含义，除非是人使之有含义。思想政治教育传播是政治文化、伦理文化的传播过程，目的是实现个体的政治和道德社会化，其传播过程也是保存和活化社会文化的过程，通过思想政治教育传播，储存形态的政治伦理文化可以转变为现实的政治伦理文化，并在社会生产和生活中发挥作用。

第二，传播其实是指通过交流与共享等渠道传递信息，这种传递是双向的。作为传播者，除了传播信息外，还要时刻与受众保持联系，及时接收受众的意见，然后作为传播活动改进和完善的依据；而作为受传者，不管在信息接收，还是反馈中，都要积极主动，而不是被动接受。也就是说，双方的互动过程其实就是信息的共享过程。所以，传播可以看成是信息在人类中实现双向交流和共享的某种方式，也可以说是人类交流思想和相互产生关系的一种渠道。就像萧伯纳说过的一句话，如果两个人手中都有一件东西，两人相互交换后，手里仍然还是一件东西，但思想因人而异。因此，人类互相交流思想后，拥有的思想至少有两种。可见，信息分享和互换会改变结果，而物质互换不会对结果产生很大的影响。思想政治教育传播就是一种同为信宿、同为信源的双向信息交流和情感互动过程，在互动过程中通过对信息的理解加工进一步变成文化选择，其中包含对文化的撷取、吸收、排斥和舍弃。思想政治教育的文化选择功能是更具一定社会发展需要和思想政治教育目的的对传统文化和外域文化的批判吸收，是有选择地进行传播，使传播内容符合我国社会主义现代化发展的要求，符合我国先进文化发展的方向。

第三，传播符号和媒介是传播的载体。关于“符号”的概念，领域不同，概念也不同。以特伦斯·霍克斯为代表，他作为英国学者，将符号定义为“独立存在、能够被‘解释’且和其他事物存在某种关联的事物”。可见，符号的主要特征包括事物的形式、包含的对象和解释意义；而媒介其实和符号相似，是独立存在的各种物质，与传播者和受传者存在某种关联，主要作为特定符号传播的载体，并能实现特定符号的使用领域的扩大。通过分析人类传播发展史发现，媒介的分类包括书写、网络、广播和电视、移动设备、口语等几大类，而口语媒介其实是指由身体各个部位表现出的非语言符号，比如动作、眼神、脸部表情等。在人类社会中，活动、信息、符号、媒介之间的传播就像一条产业链，其中环环相扣，一旦某个环节缺失，就很难达到预期目的。特别是媒介，既是信息传递的载体，也是符号被人感知的关键中介。因此，麦克卢汉才会将媒介和信息放在同等位置，甚至视为一体。对于麦克卢汉的这种观点，当前依旧在研究和认可的学者也比较多。新媒体环境又一次变革了信息传播方式，提供了日益多样化的互动传播途径和传播模式，如博客、聊天室等，高校思想政治教育传播也需要适时深入这些不同传播途径的传播模式和互动，塑造基于新媒体的网络精神家园，扩大社会主义核心价值体系的辐射范围，加深其影响程度。新媒体环境延伸了人们的认识器官，也拓展了思想政治教育信息的传播途径。由于网络媒介延伸的不再是单一作用于人的某种感官的信息，而是集文字、图像、音频、视频等为一体的多媒体信息，人们的认知也成为超链接的非线性阅读和学习方式。这就要求高校思想政治教育者顺应新媒体发展趋势，采用多样、鲜活的形式传播思想政治教育信息，促进思想政治教育传播媒介途径从平面化向立体化、从静态到动态、从现实空间向虚拟时空的转变，增强以新媒体为媒介的思想政治教育对大学生的吸引力。

2. 重传播与新媒体“轻传播”

1996 年，美国学者尼葛洛庞帝撰写出版了《数字化生存》一书，他在书中预测了人类数字化生存的未来。今天，数字技术取得重大进展，人类已进入数字化发展时代，以数字技术为标志的数字社会正在形成，数字技术给宣教工作带来的创新转化越来越明显。关于“宣教”的释义，《现代汉语词典》中解释为“对民众说明讲解，使民众相信并跟着行动”。

也就是说，宣教是一种目标性、预期性、主观性很强的传播过程，它要求受众接受传者输出的思想观念、理论观点、主义主张，以形成主导性的意见，从而达到影响受众态度和行为的目的。宣教也是传播，是一种特殊的传播活动，其传播特点决定了它是一种“重传播”。然而，笔者认为，在数字新媒体环境下，“宣教”一词的内涵和外延都发生了很大变化，传统宣教的那种“我宣你听”“我灌你受”的范式发生了改变。如今数字新媒体已赋权于百姓，推动社会进入了人人都是“麦克风”的时代，每个人都有了传播的权利。在数字传播中，一种用户“轻宣教”方式正在生成，这种新的“轻宣教”方式，甚至能主导舆论的走向。我们把这种在数字新媒体环境下形成的新宣教方式，称为“数字宣教”。

在我国，虽然“数字宣教”概念早已有之，只不过有人把这种“数字宣教”叫成“数字化宣教”或“微宣教”，但它多是指企业在经营中运用的一种宣教方式和手段，即运用现代数字信息科技设备、数字信息技术手段进行的新媒体宣教。该数字平台由数字宣教平台主机和平台终端组成，操作人员在平台主机上通过网络发送宣教画面到营业网络终端，使经营实现数字化营销。在学术界已有相关研究的基础上，我们提出了“数字宣教”这种新宣教工作范式，它不同于传统媒体的宣教，而是借助数字新媒体形成的一种新的宣教方式，它不限于经济营销领域，也体现在日常的宣教思想工作中，它是一种全员参与的泛宣教工作方式。也就是说，在数字时代传统的“重传播”宣教的边界变得越来越模糊，全员式的“轻传播”数字宣教时代已经到来。关于“轻传播”概念，最早是由广告人提出的，其主张以零散化、碎片化、简单化和娱乐化形式来传播广告，以迎合数字传播时代受众的接受习惯，取得较好的营销效果。其突出特点是：轻松快乐、通俗易懂、灵巧轻便、随时随地、快速到达等。笔者在此基础上，进一步提出了以提升大学生思想政治教育有效性为目的的新媒体“轻传播”与传统媒体“重传播”相关概念，充分发挥新媒体的环境优势，以实现高校大学生思想政治教育由“重传播”向“轻传播”的快速升级，这对稳定提高新媒体时代大学生思想政治教育的有效性非常有利。

(1)重传播

在新媒体时代到来之前，高校思想政治教育者选择的传播方式除了课堂传播外，还包括座谈会及面对面交流方式，主要是进行单向、反复的灌输教育等。其具有以下特点：

第一，传者身份重。传统意义上的宣教工作者，必须是新闻宣教专业培养的人才或经过专门训练的人员，媒体被“把关人”把守，过于强调传者的地位和角色。而在高校思想政治教育传播活动中，其身份更是严格限制为思想政治理论课(后文简称“思政课”)教师。这是一种高高在上的“我传你受”“我宣你学”的直线传播，它主要是向大学生进行单向传递、引导、鼓动、灌输等，往往采取重复性的内容传输手段，以阐述某种主义主张、思想理论、方针政策等，具有明显的单向线性传播特点。因此，传统思想政治教育宣教方式是典型的重传播。

第二，内容选择重。传统大学生思想政治教育宣教工作传输的内容，主要突出一个“高”字，即高深理论、高尚道德、高端论述。强调宣教内容的唯一性和权威性，且在政治和思想方面也非常重视“三观”、爱国主义、道德法纪、社会主义核心价值观等的宣教。这都是一些非常高大上的严肃的内容，可见其宣教内容非常厚重。虽然宣教的内容是社会主义国家必须要做的，但这些内容的传播方式单一，大都是一对多的单向式“灌输”，往往难以取得预期的宣教效果。

第三，媒体平台重。传统大众宣教方式，传受双方常常受到大终端接收器的限制。在我国，基于党媒的议程设置，诸如中央广播电视总台、新华社、《人民日报》及各级党媒，其传播宣教特点是覆盖面广、播出时间长、机构庞大和传播者众多。而在高校大学生思想政治教育宣教工作中，除了传统的媒介宣教外，更多的是在一百多人的大教室、几百人的大礼堂开讲座，直面教学，同时利用校园广播和电子屏反复宣教，这些传统宣教方式都是向大学生(受众)单向地传播宣教内容，而从这些平台的传播发射器到受者的接收器都表现出庞大与笨重的缺点。

第四，宣教形式重。关于对工人宣教的形式，列宁提出：“工人本来也不可能有社会民主主义的意识。这种意识只能从外面灌输进去。”由此可知，列宁提倡的这种宣教形式就是典型的重传播形式。“灌输”范式，即“你讲我听、你打我通”等“皮下注射”传播方式，是我国长期以来所使用的宣教形式，已成为宣教工作的一项不可动摇的传播原则。在高校中，传播传统思想政治教育时采用的方式较为多样，如课堂教学、大型讲座、校园广播等，这些方式往往倾向于“大水漫灌”的灌输式宣教，其宣教形式重，针对性不强，因此宣教效果不佳。

第五，宣教投入重。传统传播需要投入大量的资金、设备、人力等，才能完成宣教任务。在高校传统的思想政治教育传播活动中，往往需要付出巨大的人力、物力和财力来加强专业师资队伍建设，同时也需要花重金邀请相关专家来作讲座，还要支出较高的费用来建设并维护校园广播及电子显示屏，由此可见，在传统的大学生思想政治教育工作中，需要投入巨额教育宣教费用来维持正常教学与日常宣教，且实效性不强。

(2)新媒体“轻传播”

古文中的“轻”字，从车旁，最早见于《周礼・车仆》中所谓的“轻车之萃，谓驰敌致师之车也”。“轻”原意描述的是一种古车很轻便、不费劲。“轻传播”最早在广告新闻界兴起，旨在通过务实创新，融合数字技术、互联网平台及人工智能，对传统传播方式进行改造，力求打造出简洁、快速、低成本、高智能的新媒体广告营销模式。“轻传播”的这些特点深受广告新闻界的喜爱，同时其应用不断延伸至社会各个领域。目前学术界从不同角度对“轻传播”进行了探究，在邹振东(2008)看来，“轻”与“重”在舆论世界的定义和现实相反，而“轻传播”最容易实现；而段钢(2017)在研究中基于话语传播方式提出了自己的观点，他觉得“宏大叙事的传播效果存在局限性，如果想要理论的传播范围更大，就要想办法实现‘轻传播’，可以将内容制作成老百姓容易接受和识别的图片或视频进行传播”。然而，轻不等于浅，也不等于短，能够通过“轻传播”途径传播的内容涉及很多方面，不管是社科知识和研究数据，还是相关理论概念，都可以通过“轻传播”实现。不过，我们在进行传播时，不仅要重视“轻”的体现，还要加强理论性。为此，在新媒体大环境中，笔者尝试在大学生思想政治教育方面采用“轻传播”这种方式，立足于马克思主义理论与思想政治教学学科理论，同时借鉴传播学相关原理，从受众思维出发，利用影像、视频、文字和图表等新媒体工具打破思想政治教育文本内容的局限，让其实现“轻传播”，让相关理论内容更加有效地飞入大学生群体。此外，笔者还在搜索相关文献的基础上总结出了“轻传播”的特征，具体如下：

第一，平民化的身份。传统宣教环境下，主体界线清晰，传者与受者界线分明，受众只是被动接受宣教的人，个人几乎没有发声的资格，其声音很难大范围传播出去。数字传播时代，传受双方身份淡化，更加强调平等身份、平等互动，传受主体的边界变得不那么清晰。通过数字媒体，每一个人的声音都可以很轻易地转变为千万人的声音。即是说，传统宣教中的“把关人”，不再仅仅是编辑和记者，原本只能接受宣教的“小人物”，也变成了信息输出者甚至宣教者，如借助数字平台推介产品的直播带货网红，或是播撒“心灵鸡汤”的人生导师等，其影响力甚至超过传统的宣教者。一些网红在“讲好中国故事”的活动中取得了巨大的成功，他们借助平民化的身份，将中国故事广泛传播海外，走出了一条用数字媒体对外宣教中国文化的新路径，如“李子柒”传播现象。

第二，碎片化的内容。数字社交媒体传播内容显现出许多特点：一是传播的可视化。新媒体满足了“读图时代”青年人的阅读要求与习惯。二是传播的生活化。新媒体满足了快节奏工作、生活全程全域轻松阅读的需求。三是传播的娱乐化。新媒体带来了大量的娱乐内容，大众接收起来轻松、快乐。四是传播的百姓化。普通底层百姓使用智能手机，即可随时随地传播所见所闻的信息。五是传播的符号化。传播的符号有重轻之分，如传统媒体传播的人物，都是有地位、有知识、有文化的人，而如今百姓随手拍发到短视频中的人物大都是身边的普通人。所以，别看数字传播内容越来越“轻”，但微内容、碎片化、可视化的信息都更能吸引用户的关注。这种持续的“轻传播”，一样能达到“重传播”宣教的目的。因为，经过普通人之间信息交互的反复涵化，加深了彼此对内容的接受度，从而获得更大的关注度和认可度。在“轻传播”的交流模式下，人们接触的信息更能入脑入心。

第三，社交化的媒体。“社交化媒体其实是一种平台，主要利用互联网产生和交换用户社会关系的相关信息。”数字社交媒体同传统媒体明显不同，它的传播者是用户，他们在社交过程中生产内容，使传统的传播格局彻底被颠覆。因为用户是在关系网中传播的，是一个网络节点和各节点之间连线组成的传播系统，这时传者变成了受者，受者变成了传者，用户之间会自觉自愿地接受相互传输的内容，其传播功效呈现病毒式扩散。如用户借助智能手机，通过微博、微信、短视频等平台发布信息，提供内容，用户或圈群便会传输他们生产的信息，供大家享用。在大数据提供的技术条件下，新媒体能更加关注用户的内容选择，根据用户需求来供给信息消费，如“今日头条”所持的理念“你关心的，才是头条”。

第四，通俗化的形式。在时代不断进步的影响下，人们的压力越来越大，为了缓解压力、放松心情，人们一般都会选择新媒体，尤其是娱乐媒体。只要有选择，人们都会毫不犹豫地选择娱乐方式，数字媒体正好提供了这种可能，因此，数字传播方式正好拓展了“寓教于乐”的实现途径。由于数字媒体传播拥有通俗化的形式，其流量增长迅猛，也吸引着众多主流媒体或专业用户加入，比如，《人民日报》、新华网、央视名嘴也纷纷入驻抖音等短视频或借用微信公众号来发布和输出新闻，这种新闻时间短、篇幅小，更加生活化、娱乐化和情感化，能在更直接、更形象、更美观、更活泼的数字宣教中，服务社会、服务人民。数字宣教在轻松活泼的传播中迎合了人们娱乐化的需要，因此能取得很好的“轻传播”效果。

第五，低门槛的入驻。与传统媒体不同，数字媒体进入门槛低，经费使用少，通过简单的审批程序，花费很低的成本就能顺利地进行传播，如在网上可以即时免费交流。新媒体网络平台能借助各种软件，轻而易举地为用户提供账户注册服务，不需要交费或少量交费便能进入平台进行传播宣教。同时，用户传播门槛也低，每个人都可以随时在网上发表言论。

2.2 思想政治教育相关概述

概念是理论研究的基石，“真正的思想和科学洞见，只有通过概念所作的劳动才能获得”。思想政治教育可以概括为坚持以铸魂育人、立德树人为根本目标，用马克思主义理论帮助人们树立正确的世界观、人生观和价值观，更好地投入到社会主义建设中去。由此可知，思想政治教育关系到国家建设与社会稳定，要做好思想政治教育工作，就必须深入研究其本质属性、功能影响、体制模式等基础理论，而做好此项研究的前提是要全面界定并掌握其概念属性。

2.2.1 思想政治教育的概念

中华人民共和国成立后，党的重心由革命运动向国家建设转变，先后经历了三年国民经济恢复发展、三大改造及社会主义建设早期探索等阶段，国家建设百废待兴，需要把大量的人力和物力投入到建设当中，为此，党和国家发出号召，鼓励青年学生积极参与到社会主义建设中去，并发挥我党思想政治工作的优势，将青年学生的思想政治教育工作落到实处，确保他们树立正确的世界观、人生观和价值观，坚定共产主义信念，以饱满的精神状态参与社会主义建设。1950 年颁布的《中国学生当前任务的决议》，正式提出“思想政治教育”概念。1978 年召开的十一届三中全会做出决议，把党和国家重心重新转移到经济建设上来，实行对内改革、对外开放的伟大决定，这是决定中国命运的关键一招。此后，随着改革开放进程的日益深入，思想政治教育学科专业的提出和快速发展，思想政治教育概念更加明确与成熟，并越来越专业化。1983 年中共中央颁布《关于批转〈国营企业职工思想政治工作纲要(试行)〉的通知》，要求全国各综合性大学及大专院校，有条件的都要增设政治工作专业或政治工作干部进修班。为了确保这一政策能够落到实处，教育部门再次召开了研究会议，最终确定了学科全称和专业名称，都以“思想政治教育”命名。至此，中国思想政治教育学科正式设立，中国思想政治教育的名称及概念也最终确定，其专业性、学理性逐步发展，为后面思想政治教育的发展奠定了理论基础。长期以来，思想政治教育的称谓一直尚未统一，起初称之为“宣传工作”，后又多次更改称谓，比如“政治工作”“政治思想工作”“思想政治工作”，虽然这些称谓不尽相同，但其教育本质是一致的。随着思想政治教育概念的确立，并有了统一规范的专业术语，学术界开始从不同方面展开研究，不断对思想政治教育的概念进行改进和补充，最终使其趋于成熟。随着思想政治教育在学术界中的概念界定越来越规范，我国国务院学位委员会和教育部下发了《关于调整增设马克思主义理论一级学科及所属二级学科的通知》，该通知明确了思想政治教育的学科定义，指出：“思想政治教育是运用马克思主义理论与方法，专门研究人们思想品德形成、发展和思想政治教育规律，培养人们正确的世界观、人生观、价值观的学科。”这对深入研究思想政治教育的科学内涵有实际意义。

2.2.2　思想政治教育传播

随着数字化技术时代的到来，新媒体大量涌现，并对我国经济、文化、政治和教育等方面产生了重大影响，同时也影响了思想政治教育在我国高校中的发展。所以，要想在新媒体“轻传播”时代中确保高校思想政治教育工作能够全面顺利开展，必须加强各方面的创新，尤其在理念、方法及机制方面，要紧跟时代的步伐。此外，在思想政治教育传播过程中，其相关环境发生了重大变化，为此，需要从思想政治教育传播概念上进行界定，这是提升新媒体“轻传播”时代大学生思想政治教育有效性的基础理论。

1. 思想政治教育传播的概念

思想政治教育传播和普通的传播不同，它传播的内容偏向于思想、政治、道德等方面的价值观和意识，旨在通过训练和培养让人们养成高尚的思想品德，然后服务于社会。这说明可以将思想政治教育传播看成是以塑造品德、规范人的行为为目的的一种教育实践活动。然而相较于普通传播，思想政治教育传播具有两方面的重要特征：一是思想政治教育的主要职责是传播国家核心价值观，其具有明显的政治目的和价值观引导作用。所以，思想政治教育传播可以基于政治和教育两方面对人们的思想和行为进行引导及改造。通过政治引导，引导人们的价值观与行为规范与国家核心价值观相一致。通过有目的、有计划和有组织的教育活动，努力解决主客体矛盾，去除个人思想与行为偏差的问题，引导人们塑造高尚思想品德，养成良好的行为习惯。二是思想政治教育传播是一个交流、说服的过程。在“思想政治教育发展史过程中，交流和说服的重要性和地位不可忽视”，通过细心地交流、说服，思想政治教育活动可以用温和柔性、平易近人的话语深入人民群众，使人们认可这些方式或相关教育内容。说服其实就是讲道理，可以看成是此类传播与心灵交流的过程，它不是颐指气使、盛气凌人和以理压人，而是动之以情、以情感人和以理服人，是始终站在受教育者的立场和角度去调整思想政治教育的传播姿态，整个思想政治教育传播会将信息融入说服教育，这是一种显性教育和隐性教育完美结合的典范，最终能达到春风化雨、润物细无声的教育效果。

2. 思想政治教育传播的类型

根据传播学原理分类，思想政治教育传播的类型一般分为两种，第一种是指一般的内容传播，主要是选择不同的传播方式把原先设计好的思想政治教育内容传播给受教育者(受众)，从而达到育人的目的。此类传播是一种真、善、美性质的传播，特别强调传播的过程和结果属性，即“一切好思想都在传播之列，传播中达到解放思想的作用”。第二种其实可以将其看成是一种传播学科，也可以通俗地看成是一种传播活动，其中传播关系、传播行为、传播样式和传播效果是思想政治教育传播内容与结构中的重要要素。因此，在深入研究思想政治教育传播时，应该将大学生作为主体，对其开展马克思主义理论和“三观”教育，努力将其培养成德、智、体、美、劳全面发展的社会主义合格建设者和可靠接班人。

2.2.3 大学生思想政治教育有效性

青年大学生作为未来社会发展的中兴力量，决定着社会的发展和国家的未来。而在新媒体“轻传播”时代里，大学生也是新媒体的主要参与者，新媒体给他们的各个方面带来了重大影响。为了引导大学生正确使用新媒体，必须加强大学生社会主义核心价值观的教育，确保他们能够坚定地传播党和国家的意志，成为务实的社会主义建设者。因此，不管是教育部门，还是高校，都要积极充分发挥新媒体的作用，组织更多专业人士对当代大学生思想政治教育有效性的定义、本质属性等基础理论展开全面分析与深入研究，这对新媒体“轻传播”环境下进一步做好高校大学生思想政治教育工作至关重要。

1. 有效性的概念

“有效性”的概念和解释取决于学科领域的属性。

在计量学科领域中，有效性大致可以用效度指代。效度是指测量工具或手段能够准确、真实地反映其所要测量的概念或特性的程度。测量准确程度的高低会决定效度的高低，两者之间成正比关系；在经济学科领域中，有效性主要是指要遵循客观规律，以最少的成本投入实现最大的经济价值。其“有效性”涵盖三方面：首先是效果方面，指教育传播活动达到了预期的效果或目的；其次是效率方面，指实际付出和回报成正比，也可以说是一定时间内完成的工作量；最后是效益方面，指传播活动在前两者实现的基础上取得效益，或者为社会带来各种积极正面的增量。百度百科所指的有效性是指完成策划的活动和达到策划结果的程度。

2. 大学生思想政治教育有效性

在研究思想政治教育的过程中，很多学者的研究重点会放在各要素之间形成的关系和规律上，但关于思想政治教育传播学的研究则不同，很多学者在研究传播过程时，不仅会借鉴信息传播理论，还会从信息传播系统入手。而思想政治教育的有效性，主要体现在教育者针对思想政治开展相关教育活动，确保人们的需求得到满足，并得到受教育者的积极回应，从而实现教育者的某种期望或意愿。也可以将此处的有效性看成是验证思想政治教育传播自身的价值，或者是传播活动满足教育者需要的某种评估，另外，思想政治教育的有效性还体现在教育者目标实现的程度和受教育者需求得到满足的程度上，主要以思想政治教育学和传播学两大理论为应用依据。所以，关于思想政治教育方面的研究，特别是大学生思想政治教育有效性的研究，不仅要研究分析传播要素的构成和效能发挥的程度，还要研究运行过程和互动关系，从而发现传播中存在的不足，然后采取有效的措施进行改进，为思想政治教育信息系统良性循环机制的建立提供保障，这样一来，不仅会提高有效性，还能赢得更多受众的认可。而在新媒体“轻传播”环境的影响下，大学生思想政治教育的传播逐渐由单向传递变成了双向传递，传播者和受众之间以往的被动关系也改变了。毕竟在传播活动中，作为传播者和受众，两者都是主体，双方地位平等，关系紧密，有时候受众在主动和选择方面更占优势，因为传播活动能否成功，取决于受众接受传播内容的程度。然而，要想在这种不受限制、复杂多变的新媒体“轻传播”环境下，让大学生发挥思想政治教育引领思想、塑造品德、规范行为的作用，就必须在充分尊重大学生的主体性与个性化的基础上，努力增强自身专业知识和媒介素养，不断增强其有效性。

2.3 新媒体“轻传播”环境下大学生思想政治教育有效性的理论基础与理论依据

理论来源于实践，理论指导实践。要做好新媒体“轻传播”环境下大学生思想政治教育工作，不断增强大学生思想政治教育的针对性和有效性，就需要用科学的理论来指导高校大学生思想政治教育工作的具体实践。因此，在本书的研究中，一方面，始终坚持用马克思主义科学理论作为指导，并全面贯彻习近平总书记关于如何做好新时代高校思想政治教育的一系列重要讲话精神；另一方面，坚持以思想政治教育学科理论为基础，并借鉴传播学相关理论来进行深入研究。思想政治教育包括理论、方法和实践三个层面，思政理论和思政方法最终要通过思政工作来实现，如思政课教学、学校(包括大、中、小学，特别是高等学校)。思政工作强调以马克思主义理论为核心内容的思想政治教育的深刻意义，力求让学生认识到思想政治教育的内涵，从而形成正确的三观，成为一名合格的社会主义接班人，最终实现提高学生思想觉悟水平的目标。在新媒体“轻传播”环境下，做好思想政治教育的基本工作，教育者要考量各个方面的要素，不仅要学习新媒体知识，而且要深入学习并掌握新媒体“轻传播”背景下提升大学生思想政治教育有效性的基础理论，确保在教育过程中掌握理论，精通技术，从而让大学生群体更有效地接受思想政治教育的内容。

2.3.1 马克思主义相关理论与重要论述

习近平总书记在纪念马克思诞辰200周年大会上作出重要讲话，他强调：“我们要坚持用马克思主义观察时代、解读时代、引领时代，用鲜活丰富的当代中国实践来推动马克思主义发展……不断开辟当代中国马克思主义、21 世纪马克思主义新境界。”当前，大学生思想政治教育传播环境发生了重大改变，“轻传播”成为最为明显的特征，其对大学生思想政治教育产生了深刻影响。在这一背景下，进一步加强对大学生的思想政治教育具有紧迫性和必要性。高校承担着大学生思想政治教育的重要使命，要切实做好新形势下的思想政治教育工作，不断提升大学生对思想政治教育的认可度和满意度，显著提升思想政治教育的有效性，要始终坚持用马克思主义理论为指导，同时也要充分利用新媒体“轻传播”的特点与优势，助推大学生思想政治教育工作的开展。

1. 马克思、恩格斯新闻思想与政治思想教育重要论述

马克思、恩格斯新闻思想可以更详细地阐述新闻传播途径，这一理论以马克思主义经典理论为核心内容。它是一项重要理论思想，为我国新闻事业发展提供了方向，使之与中国特色社会主义发展方向保持一致。马克思主义新闻观经过了多次修正，其并非一成不变的内容。目前，它是指马克思对新闻活动的界定以及对传播途径的认识。马克思、恩格斯为新闻活动概念、新闻传播途径提供了基础内容，并不断对该基础内容进行补充、完善，最后形成了更具科学性的新闻观。该过程中，马克思和恩格斯可以被称为新闻观的奠基人，他们专注于党报、党刊工作，明确了党报、党刊必须遵循党性、批判性与斗争性、民主性、现实性原则，重视党报、党刊内容与党的发展的紧密联系，提出党报只为无产阶级服务。而关于思想政治教育方面，马克思、恩格斯专注对政治思想教育的研究，他们开展多次实验，以不同传播媒介为依托开展政治思想教育，关于传播媒介的运用也有着大量的论述，提倡充分利用传播媒介等手段，这些理论对当代大学生思想政治工作具有重大指导意义。进入中国特色社会主义新时代，中国新闻传播事业的发展仍需要始终坚持用马克思主义新闻观指导具体工作，同时在高校大学生思想政治教育传播工作中，也要始终坚持马克思主义新闻观。一方面，要继续高度重视党报、党刊、广播、电视等传统大众传播媒介的思想政治教育宣传作用；另一方面，要充分利用新媒体“轻传播”的低成本、低门槛、快传播等优势，大力传播思想政治教育内容，使大学生能够快速接受思想政治教育的重要内容。

2. 毛泽东新闻思想与政治思想教育重要论述

毛泽东是中国共产党新闻思想的引领者，对马克思主义新闻思想进行了中国化改造，使之适合我国国情，是实现马克思主义新闻思想中国化第一次历史性飞跃的最杰出贡献者。毛泽东在中国社会体制改革、建设的过程中，深入研究马克思主义，由此形成了独有的新闻观，他高度重视党性原则，明确指出新闻的本质属性是意识形态属性，新闻具有深刻的阶级性，所以新闻报刊要充分发挥党的喉舌作用，同时提倡“政治家”办报、全党和人民群众办报思想，让人民群众参与其中，主动接受人民群众监督。

重视新闻的功能和作用是毛泽东新闻思想的重要内容，毛泽东深入考察了新闻工作在教育、组织和指导方面的作用，分析了新闻的批评与监督作用，阐述了新闻在革命战争年代独有的救国利民与服务革命等方面的作用，同时，强调要善于利用新闻报刊来实现革命目标。新闻报刊不仅具有传递资讯、批评监督的功能，还具有教育广大党员干部和人民群众的作用，毛泽东十分注重利用新闻报刊的教育作用实现革命任务。毛泽东认为，新闻报刊刊登和发表不同题材的文章和评论，就像一所学校教育学生一样，能够使读报、读新闻的人获得知识、接受教育，使他们成为有理想、有知识、有能力的人，进而为实现革命任务而努力奋斗。毛泽东关于政治思想教育方面的重要论述很多，其内容主要有关于理想信念的价值观教育、整治党风党纪的修养教育、加深形势认识的政策教育、爱国主义教育。而这些政治思想教育的共同特点是说服教育。在落实社会主义改革的实践过程中，人们的思想认知水平并不一致，对同一事物存在不同看法，会表达出不同的观点，此时，遇到问题，不能持逃避态度，否则实践工作内容不能发挥其应有的作用。在思想政治教育工作中，要巧妙使用说服教育手段，对群众的认知结构进行正确引导。从职业层面出发，思想政治教育必须讲道理、有原则，不能用强制手段解决问题。本书基于新媒体“轻传播”环境，探究大学生思想政治教育的有效性，要以毛泽东新闻思想中的“教育功能”为理论指导，通过创新新媒介传播方式方法来更有效地教育大学生，促使他们成长为新时代中国特色社会主义发展的全面人才。

3. 邓小平新闻思想与思想政治教育重要论述

邓小平新闻思想是以毛泽东新闻思想为基础，结合时代特点，从改革、发展情况出发，所提出的新的新闻思想。这一新闻思想对新闻工作的宣传提出了特殊的要求，即重点工作要聚焦到国家经济建设上来，并要求媒体宣传工作要为维护民族团结、国家安定发挥重要作用。邓小平新闻理论以社会利益为最高准则，新闻传播的根本原则是将获取更多的社会效益作为核心任务。我国经济体制已发生明显变化，随着改革工作的落实，利益至上已是人们完成经济活动的根本目标，在某段时间内，甚至出现了“一切为钱”的错误思想。邓小平曾多次指出，要抵制“一切向钱看”的错误想法，拒绝精神产品过度货币化。邓小平认为，“思想文化教育卫生部门，都要以社会效益为一切活动的唯一准则和最高准则，要始终不渝地面向广大群众，在艺术上精益求精，认真严肃地考虑自己作品的社会效果，力求把最好的精神食粮贡献给人民”。

邓小平对思想政治教育的研究非常透彻，他对学校思想政治教育非常重视，邓小平认为，“毫无疑问，学校应该永远把坚定正确的政治方向放在第一位。但这并不是说要把大量的课时用于思想政治教育。学生把坚定正确的政治方向放在第一位，这不仅不排斥学习科学文化，相反，政治觉悟越是高，为革命学习科学文化就应该越加自觉，越加刻苦”。邓小平指出，思想政治教育工作者具有高尚的精神，他们为升华人们的精神世界不断努力，是精神的工程师，他们应掌握马克思主义、社会主义的关键内容，将精神价值融入自己的作品、文章、讲话，对广大群众起到教育、引导的作用，使人们可以辩证地看待历史、正确地认识生活、相信社会主义体制、听从共产党的领导，深度激发群众的潜力，使之为迎接美好生活而奋斗，为具有历史价值的社会主义建设奉献出自己的一份力量。从这一点可以看出邓小平对新闻传播、学校思想政治教育的重视，为深入阐述以上内容，他作出了一系列重要论述，为新形势下做好高校思想政治教育工作提供了重要指导。本书以新媒体“轻传播”为背景，深入探讨高校学生思想政治教育的有效性，高度重视大学生思想政治教育工作，坚持与时俱进，注重利用新媒体“轻传播”的特征和优势，以为中国特色社会主义发展培养全面人才作为社会效益的最高准则。

4. 习近平总书记关于网络媒体与思想政治教育的重要论述

我国社会已步入新的发展时代，我党以新时代特征为出发点，立足历史方位，以全新视野深化了对新时代思想政治教育的认识，帮助大学生树立坚定的理想信念，着力解决好政治认同、思想认同、理论认同、情感认同等“四个认同”问题。习近平总书记针对新媒体环境下如何运用传播法则对思想政治教育进行创新作出重要指示，重视大环境下的媒介融合，为完善高校思想政治教育发展提出一系列关键理论，为实践提供了强大理论支撑。

第一，强调政治认同。相信党，跟着党走不动摇。新媒体发展为非政治类的资讯和交流提供了广阔空间，但政治认同不能放松。习近平总书记在党的二十大报告中强调，加强全媒体传播体系建设，塑造主流舆论新格局。教育工作者可以利用新媒体便捷的传输途径和丰富的表现形式，加大对共产党的宣传力度，树立对当下的信心和对未来的决心，将大学生对党的认同、对政治的认同作为新媒体时代大学生理想信念教育的第一步。健全网络综合治理体系，推动形成良好的网络生态。当代大学生多为网络原住民，网络是其生活中不可或缺的一部分。高校要积极开启校园新媒体联动传播、融合发展的模式，主动抢占网络宣传思想工作平台，使高校成为弘扬主旋律、传播正能量的牢固阵地。要充分掌握信息媒体、信息技术，以数字技术、在线平台为依托，开展实践教学活动，在确保思想政治工作优势不变的前提下，保证教育过程充分使用现代信息技术，使思想政治教育满足新时代的全部需求，从而更具感染力。在新媒介环境下，教育内容优势必须与新媒介技术相结合，加强教育内容的导向作用。

第二，强调理论认同。2016 年，习近平总书记强调：“要坚持立德树人，把思想政治工作贯穿教育教学全过程。”2018 年，习近平总书记指出，历史和人民选择马克思主义是完全正确的。新媒体时代的高校思想政治教育，更要凸显马克思主义理论的指导性和引领性，通过多渠道和各种手段，加大对马克思主义的宣传力度，使马克思主义在大学生中人人熟知。做好新形势下大学生思想政治教育工作，首先要以学生为主体，通过多种渠道、多种形式组织丰富的思想政治教育宣传活动，满足大学生成长的需要，引领大学生走向正确的人生发展方向，为中国特色社会主义建设的持续发展培养全面人才。在信息横流的新媒体“轻传播”时代，大学生的主体地位日益突出，精神活动日益活跃，对新媒体等新奇事物充满求知欲，仅依靠课本获取知识已不能满足当代大学生的求知需求。为解决传统思想政治教育在新环境中遇到的诸多问题，习近平对新媒体“轻传播”时代里传播途径的变化、信息环境的特征进行了总结，为创建新的思想政治教育方法提供了思路。

第三，强调历史认同。2013 年，习近平总书记在新进中央委员会的委员、候补委员学习贯彻党的十八大精神研讨班开班式上的重要讲话中强调：“历史和现实都告诉我们，只有社会主义才能救中国，只有中国特色社会主义才能发展中国，这是历史的结论、人民的选择。”因此，在新媒体时代，应进一步强化大学生的理想信念，引导他们深刻理解党和人民的奋斗历程，坚持社会主义方向不动摇，讲好社会主义好故事，坚决打赢网络意识形态斗争。习近平总书记指出：“互联网已经成为舆论斗争的主战场。”由于互联网的开放性、自由性等特点，各种错综复杂的信息在网络疯狂传播，深刻影响着广大网民的价值观导向，对党和国家的主流意识形态造成了重大冲击，为此，要在党的统一领导下，利用网络传播的规律和特点，多措并举，坚决打赢网络意识形态斗争。习近平总书记指出：“从形势发展的要求出发，有必要重视网络舆论工作，必要之时可以将此作为思想宣传工作的重点。宣传思想工作的接收者是群众，所以要将工作重点放在‘人’上。我国网民有近六亿人，手机网民有四亿六千多万人，其中微博用户达到三亿多人。许多人，尤其是年轻人，平时不会关注主流媒体的新闻内容，他们获取资讯的主要渠道是网络。对此，要正确认识现实情况，积极解决问题，争取在舆论方面占据主动地位，坚决不能处于边缘地带。”而大学生作为网络的主要参与者，网络不良信息会对他们的品德塑造、价值观养成产生巨大冲击，为此，高校必须对线上思想政治教育加以重视，明确线上教育的重要地位，还要学习网络媒介知识，遵守网络传播规律，及时评论网络热点问题，传播正能量，弘扬主旋律，坚决打赢网络意识形态之战，为大学生营造一个风清气正的网络空间。

第四，强调现实认同。关注时代变化，结合时代特征，及时调整、优化思想政治教育工作的目标与方法，习近平总书记指出：“做好高校思想政治工作，要因事而化、因时而进、因势而新。”一是要因事而化。要求高校顺应形势，引导大学生思想政治教育方向，确保相关工作者可以适应新媒体发展的新趋势，工作者要及时学习新鲜知识，敢于面对困难，将所学内容用于思想政治教育中。比如，在理论课堂中，要积极使用信息平台辅助课堂教学，尝试构建混合型教学模式。二是要因时而进。要求高校思想政治教育必须与时俱进，适应社会发展趋势。结合目前社会环境来看，媒体融合必然会发生。在时代背景下，大部分学生皆拥有电子产品，所以教育者要考虑如何更好地借助电子设备对学生进行更为有益的教育。三是要因势而新。在新的社会形态下，以大学生为主体展开的思想政治教育要积极创新，激发潜在的活力。习近平总书记指出：“我们必须科学认识网络传播规律，提高用网治网水平，使互联网这个最大变量变成事业发展的最大增量。”高校思想政治教育要充分利用网络传播规律，即将互联网作为工具，不断创新教育传播方法和传播途径，借助网络传播的先进技术、战略格局，使受教育者接受教育内容，提高受教育者的认知水平，强化思想政治教育的影响力、传播力，全面把控舆论方向，巩固思想政治教育的重要地位。这四个认同成为新媒体“轻传播”时代高校思想政治教育的重要基础，只有坚定这四个认同，才能在复杂的新媒体环境中，以坚定的信念抵御各种不良声音和企图，切实提高思想政治教育的成效。新媒体环境下推动思想政治教育和新媒体融合发展已成为一项紧迫的课题。2019 年年初，习近平总书记组织了第十二次集体学习，全体中共中央政治局的工作人员均参与到本次集体学习中，习近平总书记强调：“全媒体不断发展，出现了全程媒体、全息媒体、全员媒体、全效媒体，信息无处不在、无所不及、无人不用。”信息传播的环境越来越复杂，要应对如此剧烈地变化，必须全面做好党的新闻传播工作，习近平强调，“要运用信息革命成果，推动媒体融合向纵深发展，做大做强主流舆论，巩固全党全国人民团结奋斗的共同思想基础”。媒体一体化是多元媒体发展的必然趋势，这种发展结果可以满足受众的高品质信息需求。高校思想政治教育肩负重任，不仅能强调主流思想的重要性，还能增加主流文化出现在受众面前的次数，减少舆论对主流思想的影响。基于以上各点，有必要发挥出教育信息化的全部作用，做到以形势为导向，用形势指导规划，开发适应新形势的教育方法，拓宽教育涵盖范围，使教育工具更加丰富，为教育营造一个理想环境。除此之外，还要确保线上教育、线下课堂的教育重点内容的一致性，提高教育者的教育水平，使受教育者可以完全领悟教育的价值，从而达成弘扬正能量的目的。

综上可见，党中央对新时代的高校思想政治教育工作给予了高度重视，要求在实践中的教育方法必须结合新媒体环境的发展特性，充分利用“轻传播”的绝对优势，提出具有突破性的教育方法，通过多种方式拓宽教育渠道，让大学生充分了解思想政治教育工作的重要性，为国家持续发展培育源源不断的优秀人才。

2.3.2　思想政治教育学基本理论

1. 思想政治教育接受理论

思想政治教育接受理论为思想政治教育的实践工作提供了学术支持。它是思想政治教育的关键理论，众多学者都以此为基础展开研究，从理解理论、受众理论等不同理论内容出发，将思想政治教育和接受理论结合起来形成具有突破性的新的理论形态。在整个思想政治教育活动中，思想政治教育接受环节是客观存在的，能反映教育者和被教育者彼此间的关系。它与其他学说的不同之处是，它针对教育活动的受教育者展开研究，以此出发，从不同的角度观察、研究受教育者在不同信息接收阶段的具体情况。接受机制标准不一致，划分依据也大不相同。从横向分析，可将其分为社会机制和个体机制两个方面。前者重视社会环境对教育效果的影响作用，要对各个环境因素加以分析，进一步确定具体的影响程度。与社会机制相关的研究内容多对价值认知、思想观念、外界评价等因素加以关注。从纵向分析，接受机制可以被划分为三类，即心理、目标、动力。心理机制是指接受者的心理状态、认知水平、情绪变化对接收信息的影响。目标机制由两部分组成，分别是外在目标、内在目标，目标机制的核心内容是成熟的三观体系。动力机制由三部分组成，分别是外在被动力、内在主动力、合动力，前两者分别以社会需求、主体需求为核心。大学生群体不仅是接受思想政治教育的主体，也是新闻传播的主要受众。因此，高校大学生接受教育的程度与水平决定着思想政治教育工作的有效性。想要将大学生作为接受教育的主体，深入研究思想政治教育的有效性，接受理论为本书研究的开展提供了理论支持。

2. 思想政治教育方法论

探索好的工作方法具有必要性，因为好的工作方法可以让教育工作发挥出全部的作用，达到事半功倍的效果。工作方法在教育计划与实践活动中扮演中介的角色。高校思想政治教育活动是一项综合性的工作，颇为复杂，要想使其效果显著、成绩优秀，必须积极探索有效的工作方法。要考察不同工作方法的有效性，保留表现好的工作方法，改进表现差的工作方法，积极探索、创新工作方法，使教育工作更具针对性、创造性。社会发展促进新媒体发展，与新媒体“轻传播”环境下，大学生思想政治教育相比，传统的大学生思想政治教育方法具有一定的局限性。因此，我们要科学、合理地使用思想政治教育的工作模式与方法，主动观察，记录不同工作模式与方法对思想政治教育有效性的作用。除此之外，教育方法不仅要促进学生有效接受教育，还要对教育者提出要求，使教育者积极探索适合现实情况的工作模式与方法，主动提升自己的教育水平和能力，提高思想政治教育工作的有效性。思想政治教育方法论与新媒体“轻传播”背景下，大学生思想政治教育有效性提升的方法与路径具有内在的联系性，这也是本书研究的基础理论之一。

3. 思想政治教育载体论

思想政治教育载体论主要是指在教育实践活动中，教育者通过一定的媒介来传递教育思想和内容，以此对受教育者实施有目的的教育活动的一种物质实体和承担者。进入新媒体“轻传播”时代，新媒体为师生互动提供了更多的机会，打破了过去教师与学生单向沟通的限制。同时，由于新媒体可以突破时间、空间的束缚，实践教育活动更加自由，受教育者可以随时、随地接受教育，比如学生可以在手机、电脑、电视上可以随时观看《一堂好课》《朗读者》等优秀节目，学生拥有了更多受教育的机会，能够正确认识阅读，进而喜欢上阅读。思想政治教育的载体论是本书研究的重要基础理论之一，新媒体“轻传播”环境下要不断提升大学生思想政治教育有效性，就必须巧妙运用以信息技术为依托的新媒体教育平台，充分利用教育平台“轻传播”的优势，让大学生有效接受思想政治教育内容，并自觉指导具体的实践活动。

4. 思想政治教育环境论

思想政治教育环境论认为，外界环境的影响因素会改变思想政治教育的效果，保证环境要素趋向理想，是达成教育效果的有效方法。互联网上有大量的原始资讯，这些资讯没有被过滤、筛选过，夹杂着很多不良信息。学生是最主要的使用互联网的群体，未过滤的信息所传播的思想内容、价值观与主流倡导的价值观正好相反，由于大学生尚未形成成熟、稳定的三观体系，这些不良资讯极有可能对大学生的价值观造成不可忽视的负面影响。所以，我们要利用新媒体，为大学生群体营造一个积极向上的思想政治教育氛围，使大学生可以接收到正确积极的资讯，最终形成一个良好的社会舆论环境，积极引导大学生养成良好的生活习惯，减少大学生生活中的负面情绪，向他们传达“自己是人生主人公”的思想，引导他们做自己人生的掌舵者。积极营造并维护良好的思想政治教育环境，用先进的理想观念占领网络宣传阵地，发挥网络思想政治教育的重要作用。新媒体教育环境具有独一无二的特性，它与传统教育环境有本质区别，对高校思想政治教育的成效起着举足轻重的作用，抓住新媒体“轻传播”环境的“轻传播”特点，利用新媒体对大学生进行正确的思想政治教育，讨论新媒体对高校思想政治教育的影响及有效对策，是本书所要探讨的核心问题。因此，思想政治教育环境理论是支撑本书进行深入研究的重要基础理论之一。

2.3.3　传播学相关理论

20 世纪 20 年代，西方国家开始对传播学展开研究，于 40 年代前后形成成熟、完整的学科。此后，发生数次科技革命，在这个过程中，学科的研究方法和理论体系逐渐丰富，也更具科学性。本书从受众理论、传播效果理论出发，对相关理论进行深入研究。

1. 受众理论

受众是指接收信息的人，也就是接受不同形式的信息的人，他们可以是读者，也可以是观众。受众接收到信息，代表信息传播活动完成，可以将受众的接受程度作为主要指标，对信息传播活动的作用、效果进行评价。由此发现，在信息传播的完整过程中，受众占据重要地位，接收信息的一方掌握信息的程度尤为重要，其可以直接决定传播活动是否成功。以此为基础，受众理论得到关注。西方的受众理论涵盖多方面内容，其中以个人差异论、文化规范论为关键内容。从表层角度出发，个人差异论是一种很容易理解的概念，即每个个体都具有独特性，在身体、精神、思想等各层面存在差别。不同的人会对相同事物产生不同的看法，甚至同一人在不同环境下会对同一事物产生不同认知，表现出“仁者见仁，智者见智”的特点。社会范畴论是根据某些标准对影响社会群体融合的因素进行分类的一种理论，其中年龄、性别、受教育水平为主要分类依据，这一学说认为，群体内成员具有相同的价值观、思想体系，故而对同一事物会产生相同的看法、理解。社会关系论认为，不同社会团体之间存在不同程度的联系，联系的密切程度决定传播活动的效果，在传播过程中需要对信息进行审核、筛查，确保受众接收到的信息是他们所需要的。满足理论认为，受众使用媒介、接收信息是为了满足自己的需求，从这一角度探讨媒介与受众的内在关联，就能明显看出，在选择、使用媒介时，受众必须始终明确自己的实际需求，将满足需求作为基本目标。而社会参与理论认为，适用于大众传播的媒体应该具有开放性，为社会各主体提供一个可以畅所欲言、自由活动的场所，避免成为有心之人的传声工具。大众拥有参与权，他们可以自由使用媒体，他们既是信息的接受者，也是信息的传播者。

2. 传播效果理论

西方的传播效果理论与以上学说关系紧密，并在互相促进的过程中，得到了有效发展。社会大部分主体认为，相对于受众在被动位置上接受“重传播”，新媒体传播效果理论具有“轻传播”特性。但随着大众对受众的深入调查、研究发现，传播效果会受到多个因素的影响，使受众接收信息的程度具有差异性，由此产生了一系列传播效果理论，其中以有限效果论、适度效果论为关键理论。这些理论都能有力印证这样一种观点：受众的各种因素会对传播效果产生不同的影响，影响效果是综合多方因素的最终效果，这为新时代大学生思想政治教育提供了一条崭新的研究路径。

其一，意见领袖理论。该理论由美国学者拉扎斯菲尔德提出。这一理论认为，信息传播的路径并不是单一的由传递者至普通受众，有时部分信息会率先传播至对信息更为敏感的受众身边，由这一群体对信息进行二次传播。换句话说，信息传播首先要经过舆论引导，由意见领袖对信息进行整合，随后传递给全部受众，因为意见领袖的思维活动更丰富，他们对信息的感知能力比较敏锐，所以受众对他们所传达的信息会更具认同感。有时，意见领袖的主观情绪变化比较明显，这些主观情感对信息传播具有影响，某些信息传递到受众身边时已发生关键性地改变，而绝大部分的普通受众会将“意见领袖”对信息的解读作为自身接收信息的依据。在新媒体时代，想要提高高校思想政治工作的有效性，必须充分发挥新媒体“轻传播”的优势，低成本、高效率、快速传播思想政治教育内容，促使“意见领袖”为大学生传递更有效的信息，确保大学生可以高效接受教育者传递的信息内容。

其二，沉默螺旋理论。该理论由德国传播学者诺依曼提出，展开大量具有现实意义的研究后，他发现人们在做决定时具有明显的共同点，那就是当个人的观点与团队的观点不一致时，个人会产生一种恐惧感，大多数时候，他们会放弃自己的观点。在这种情况下，“沉默”和“优势”会形成恶性循环，一方越是保持沉默，另一方的优势就会越明显。如此反复，一方的优势意见必然占据主导地位，而另一方会越来越沉默。在新媒体环境下，做好思想政治教育工作，需要国家主流媒体利用好沉默螺旋理论，发挥意见领袖的作用，利用新媒体“轻传播”的特点与优势，大量推送正能量的思想政治教育信息，占领舆论的主导权。

3. 使用与满足理论

使用与满足理论被频繁使用。使用与满足（use and grafications，U&G）理论从“受众”角度出发，对传播媒介展开研究。这一理论由伊莱休·卡茨（Elihu Katz）提出，卡茨于 1959 年提出这一概念，并于 1974 年在《个人对大众传播的使用》一书中阐述该理论的主要内容：受众由于某种需要，对媒介产生期待，因此积极接触媒体，需求的满足程度影响下一次接触媒体的情况。陆亨将其视作一种标签化的理论，学者将“需求”等核心概念和使用与满足理论相联系，而其学术活力则表现为核心理念融入其他理论，对其他理论的发展起到了促进作用。基于以上所提出的“使用与满足理论”的概念和概念中阐述的传播特性，在新媒体“轻传播”大环境下，努力提升大学生思想政治教育有效性，必须让新媒体“轻传播”的方法与途径贯彻思想政治教育始终，丰富大学生思想政治教育模式，以新媒体“轻传播”开展“润物细无声”的思想政治教育的新形式，满足大学生全面发展的需求，不断为党和国家培养优秀的建设者和可靠的接班人。

第 3 章
新媒体“轻传播”环境下大学生思想政治教育面临的机遇与挑战

当前，数字技术迅猛发展，极大地促进了新媒体的发展与广泛应用，特别是其轻松快乐、通俗易懂、灵巧轻便、随时随地、快速扩散的“轻传播”特点，给人们的生产、生活带来了重大的影响，也对高校大学生思想政治教育方面产生了深远影响。新媒体是基于数字网络技术发展起来的一种新事物，是一把双刃剑，对社会各行各业的发展既有积极的作用，也有消极的影响。对新形势下大学生思想政治教育来讲，也是一场机遇与挑战并存的深层次变革，因此，高校要主动融入新媒体“轻传播”时代，抓住机遇，迎接挑战，知难而上，锐意进取，推进新时代高校思想政治教育工作的新发展。

3.1 新媒体“轻传播”环境下大学生思想政治教育面临的机遇

数字化、交互性、个性化、超时空性是新媒体传播的显著特征，其中数字化特征最为突出。新媒体将文本转换成二进制元编码，并对其进行生产、分配与储存，因此，新媒体还有海量资源库、数字化的人工智能等突出优势，深受大学生的喜爱。大学生是新媒体的主要用户，也是未来社会主义建设的中坚力量，引导他们树立正确的价值导向，科学使用新媒体，是高校思想政治教育部门的重要使命。当前正处于新媒体迅猛发展时代，大学生可以借助新媒体与他人交流学习，参与自己所关注的热点并进行深入的讨论，从而拓宽视野，扩充知识，提高素养。此外，大学生也是新媒体的主要传播者，人人手握麦克风，人人都是信息的发布者与接受者，他们可以把自己的动态进行个性化传播，活跃在新媒体网络，营造绿色、青春、正面的网络新生态。在新媒体网络里，想要做好大学生的思政工作，要充分发挥教师和学生两方面的积极性。因此，作为思政教师，要带头学习新媒体知识，提高媒介素养，要善于利用新媒体网络的各种形式助推思政工作，要更新教育理念，创新其方法、机制与模式，极大地发挥新媒体的积极作用及优势，以弥补当前传统思想政治教育中存在的一些不足，扩大思想政治教育范围，使思想政治教育信息内容在高校得到有效传播。

3.1.1　新媒体“轻传播”对大学生的积极影响

发展是新事物的产生和旧事物的消亡，通过这个过程，新事物不断代替旧事物，逐渐发挥其新的优势，更能适应新环境的变化，更能满足人民的需要，所以更能得到人民群众的支持。新媒体作为信息网络时代的新生事物，其本身具有传统媒体无法拥有的优越性，其技术的不断发展与成熟对人们的生产与生活产生了重大的影响，也对当代大学生的学习与生活产生了多方面的积极影响，不管是在认知理论中，还是在实践过程中，其产生的影响都是重大的、深远的。随着新媒体技术的不断更新发展，其传播速度快、传播内容广、传播过程轻松、传播成本低等“轻传播”独特、显著的优势不断显现出来。新媒体“轻传播”具有便捷联系、海量信息、快速传播、智能筛选、双向互动功能，深受大学生追捧与喜爱，促使大学生思想更加自由、视野更加开阔、个性更加张扬。总之，新媒体“轻传播”给当代大学生的生活与学习带来了诸多有利的影响，也给大学生的创新发展提供了广阔的舞台与空间。

1. 大学生可以积极表达自己的声音

新媒体“轻传播”凭借数字化、交互性、个性化、超时空性的特点衍生出一个个更加具有开放性、共享性的交流平台，与传统媒介相比，这些平台具有海量信息、能够快速传播等优势，极大地影响了新媒体主要用户——大学生的思想观念。一方面，新媒体传播技术的进步，降低了大学生使用媒体、选择信息的成本。在新媒体主流平台里，涉及政治、经济、科技、教育、娱乐的内容十分丰富，能让大学生全方位了解党和国家的最新政策，关注社会民生，跟踪时尚热点等，为大学生及时了解社会发展，真切接触社会现实提供一个绝佳的机会。这些方方面面的信息内容无形中影响着大学生的思想观念，促使大学生坚定支持党和国家的重大政策，有效接受社会的主流价值观，并身体力行，努力学习，为国家的发展与社会的进步随时奉献青春。另一方面，新媒体“轻传播”环境下的大学生获得了更广阔的话语表达空间。作为受教育者，大学生的地位从思想政治教育过程中的附属向中心转变，这反映出新媒体环境下大学生思想政治教育中主体的多元化。以学生为中心探索新媒体环境下大学生的思想政治教育新方法，本质上是通过提升主体在技术、内容等方面的掌握度和应用水平，更好地了解大学生对于内容和信息的需求，从而更有针对性地开展思想政治教育，与大学生形成共鸣，提高大学生对思想政治教育的认可度。新媒体“轻传播”环境对大学生的生活、学习以及其他方面都产生了影响，在思想政治方面，也影响巨大，不仅能使大学生广泛了解各种信息，开阔他们的视野，也能使他们多方面了解政治，提高其政治觉悟，增强大学生面对国家政事时的判断和自我思考能力。大学生作为当下最广大的网民主体，也是社会热点事件出现或曝光时讨论最热烈的群体，他们热衷于在网络大平台各抒己见、广发舆论。由于大学生们的思想观念在新媒体里受到正面宣教和深刻感染，他们也成为社会主流价值观的积极传播者。大学生利用新媒体不仅可以与国内的大学生及不同身份的人进行沟通交流，同时也可以突破国籍，与世界网民一起相互学习、交流思想，从而丰富知识，拓宽视野，增进自信。大学生是国家和民族的未来，也是未来社会主义建设的建设者和接班人。因此，对大学生开展有针对性的思想政治理论教育是高校应该承担的一项重要使命与责任。在新媒体环境下，国家、社会及高校等要通力合作，无缝隙衔接，形成大思政网，共同有效传播思想政治教育内容，使大学生们坚信要不断努力实现共产主义伟大理想，坚定中国特色社会主义道路，努力成为党和国家持续发展的可靠接班人和合格建设者。具体来讲，国家方面，要从宏观方面做好理想信念教育与宣传，促进传统媒介与新媒体结合，推进融媒体建设，加强爱国主义传播，弘扬社会主义主流价值观，帮助大学生树立正确的三观，扣好人生第一粒扣子；社会方面，要利用新媒体加强社会主义核心价值观传播，宣教各行各业的劳动模范，让更多的好人好事、先进事迹通过新媒体推送给大学生，让更多大学生知晓并深受感染；高校方面，要在党中央的统一领导下，明确政治方向，坚决做好大学生的思想政治教育工作。学校思政教师要利用新媒体“轻传播”的特点与优势，创新教学方法与模式，有效传播思想政治教育内容，用更多正能量的内容感染学生，陶冶他们的情操，培养他们的品德，感动他们的心灵。

2. 大学生的创造力得到充分发挥

喻国明(2015)认为，互联网对于社会性传播系统构建的最大改变是将传统的以机构为基本单位的社会性传播改变为以个人为基本单位的社会性传播。可见，新媒体作为互联网重要的传播方式，给高校思想政治教育带来了革命性变革，即传播主体由国家向个人转变。在思想政治教育中，大学生个体作为传播的基本单位在新媒体环境下被激活，因而，这种传播生态系统中的相关资源配置和功能也需要做出相应调整。新媒体时代，高校思想政治教育可以鼓励大学生自己收集、提供与思政课相关的数据、新闻、议题等，这种方式一方面能提高大学生利用科技的能力，另一方面也能帮助思想政治教育工作者发现更多线索。大学生从教育的被动接受者向教育的生产者转变，这会让他们获得成就感与满足感，也让他们更有动力持续参与思想政治教育的全过程，发挥出自身创造力，与思想政治教育产生情感共鸣。

长期以来，党和国家高度重视思想教育工作，也形成了优良传统，在学科建设、课程设置、师资队伍等方面取得了一定的成绩。在新媒体“轻传播”环境下，大学生可以在无限新媒体网络里轻松便捷地获取自己钟爱的价值信息，可以与自己关注的“网络大V”进行畅谈，可以在寝室里就进入云端课堂学习，也可以把自己的快乐瞬间实时分享。总之，新媒体网络具有强大的功能与优点，浩如烟海的信息通过新媒体快速传播，轻松满足了大学生的生活、学习与交往欲望，为大学生提供了一个自由开放的思想环境，大学生的思维也变得前所未有的灵活。新媒体使大学生的世界观得到了全面的塑造，他们所能看到的世界更广、维度更多、层次更深，他们自身更加具备独立思考、探索世界、创造事物的能力。因此，当大学生们面对问题，他们会更勇于突破固有的思维模式，不再满足于一种答案。新媒体“轻传播”的广泛应用，改变了自古以来依靠教师传道授业解惑的局面，学生拥有了多元的途径和健全的能力进行自我学习，教师从单一传授者的身份逐渐发展为引导者和组织者，学生在教师的引导下探索问题的答案。此外，新媒体“轻传播”可以提供与懂你的陌生人对话的平台，因而成为大学生倾诉的对象及解压的场所。总之，在新媒体“轻传播”环境下，大学生们可以借助网络与网友亲密交流、互相学习，使高度紧张的学习压力得到释放，有助于排解各种不良情绪，促进身心的健康发展。

3. 大学生的思想政治教育体验得到提升

思想政治教育体验是指大学生在参与思想政治教育过程中建立起来的主观感受。新媒体“轻传播”环境下，大学生自身的信息收集能力和筛选能力得到了极大提高，因此思想政治教育工作也需要适时地从传统的仅提供思想政治教育内容的思路调整为向大学生提供内容和环境的思路。大学生主动权的提高迫使思想政治教育向大学生倾斜，为了提高大学生对思想政治教育平台的黏性，就要努力提升大学生思想政治教育的主观体验，这成为高校的一项非常重要的研究课题。随着新媒体环境下大数据技术应用的深入，针对大学生的数据分析将越来越多，可以对大学生自身及思想政治教育相关指标的数据进行统计和分析，从而改善和优化思想政治教育平台，提高思想政治教育的敏感性和意识性，增加思想政治教育对大学生的吸引力，让他们从心理上接纳思想政治教育，从行为上更加符合思想政治教育的预期目标和要求。

4. 大学生学习思想政治教育的生态环境得到改善

在学习方式上，集数字信息、大数据及人工智能于一体的新媒体迅速发展普及，深刻影响着大学生的学习方式。创新的学习载体与平台，极大地提高了学生的学习效率，实现了全程育人、全员育人及全方位育人的目标。新媒体“轻传播”具有自主性、交互性、实时反馈性等特点，其功能影响着大学生的学习方式。首先，大学生可以根据自己学习的需要在新媒体网络里自主选择线上课堂来巩固线下课堂学习的知识要点，大学生获取知识的渠道不再受限于传统课堂与课本教材。其学习方式灵活性强，知识面广，能满足大学生个性化发展的需要。关于大学生新媒体使用方面的问题，本书专门针对部分具有代表性的学校做了《新媒体“轻传播”环境下大学生思想政治教育有效性调查问卷》，超过98%的被调查者拥有手机，并下载了微信、QQ及短视频平台，85%以上的同学利用手机媒体中的腾讯会议、QQ课堂及超星课堂参与线上学习，由此可见，大学生们用新媒体参与学习的比率很高，新媒体已经成为大学生日常学习生活中不可或缺的一项工具，这也说明大学生群体对新媒体“轻传播”的认可度和满意度较高。其次，在新媒体“轻传播”环境下，由于用户相互不认识，不受身份的限制，彼此之间地位平等，用户之间可以毫无顾忌地进行交流学习，学习积极性高，交互性强。最后，大学生在新媒体“轻传播”环境下自主学习还具有及时反馈、及时修正的优点。在传统课堂里，大学生通过课堂学习之后，大部分同学无法全部消化老师所讲的知识点，课后作业完成后仍需要在下节课堂里向任课老师提问，时间跨度大，学习效率不高，也影响学生学习的积极性。而在新媒体网络里，大学生们学习过程中有不理解的可以随时向教育传播者提出，并能及时得到反馈，这大大缩短了时间，也提高了学习的效率。总之，大学生对利用新媒体进行自主学习的方式表现出浓厚的兴趣及大力支持的态度，主要是由于新媒体“轻传播”的优点与功能很好地满足了大学生个性化成长的需要，也深刻改变了传统的教育方式，创新了高校教育与教学的机制，为中国特色社会主义教育事业的持续发展作出了重大贡献。

在交往方式上，新媒体让受众与网络媒体充分互动，提高了大学生的互动能力和社交能力。新媒体“轻传播”功能的发挥，突破了以往需要面对面或通过报纸、书信进行交流的传统方式，距离和语言不再是交流的障碍，即使远隔千里、山川异域，人们依然可以在互联网上进行交流对话。新媒体“轻传播”如雨后春笋般在人们的生活中落地生根，覆盖日常生活的各个领域，极大地丰富了人们的交往方式。微信、语音通话、电子邮件等新媒体交流途径在大学生中变得越来越流行，虚拟化成为新的社交方式，也是当代大学生的主要社交方式。在这种模式下，虚拟化的社交，不但延伸了传统的主体交往身份，使图片、表情、符号也可以代表交往主体，还同时兼备维护言论自由和保护个人隐私的功能，让学生们更愿意使用网络进行人际交往。便捷自由的网络空间可以让学生们放下现实生活中的顾虑和内向的性格负担，充分发表自己的看法，向他人宣泄自己的情绪，使人与人之间的交往变得更加轻松便利，问题的解答也变得更加高效。2021 年中国互联网络信息中心的调查和统计结果显示，博客、社交网站、电子邮件、论坛的使用率在大学生各种交际应用中位列前茅，各样的交流平台为大学生带来了更加广阔的交流空间。新媒体为大学生们提供了一个又一个的平台，这些平台信息传递快、时效性强、覆盖面广，学生们可以与远在千里之外的朋友交谈，可以了解其他国家的新闻热点，可以和全世界的人进行思想碰撞。思想观念的激荡碰撞，有助于培养学生形成海纳百川的眼界和胸怀。本书调查结果显示，在大学生中，有接近 95%的学生选择使用新媒体作为一种交往方式去拓展自己的交际范围。主体交往身份的虚拟化在其中起了一定的推动作用，在虚拟的新媒体“轻传播”网络空间里，人们面对的交流人群大部分都是陌生的，身份等级也无法准确地呈现，每个人都享有平等且公平的言论权。同时，交往身份的虚拟化、陌生化，也带动了大学生的好奇与探索之心，让他们不自觉地想要交流谈话。在与世界的交流谈话中，学生不但可以拓宽眼界，也能不断提升自身的沟通能力。

5. 促进大学生成长成才

处于成年初期的大学生，其主要发展任务是形成自己的人生观和价值观，避免出现心理不适应或精神障碍。高校思想政治教育的目的就是服务于大学生的成长、成才和成人需要。在新媒体时代，高校思想政治教育需要突出服务理念，全面把握大学生的实际情况，帮助他们解决理论学习、生活交往、情感控制、择业就业等实际困难，全面开展有针对性的工作。

首先，学校通过新媒体平台，要树立以学生为中心的服务理念，建立教育者和大学生之间的互动体系，基于大数据充分了解到大学生的思想动态，及时洞察学生心理，加强教育，防止心理问题产生。相对于中小学生，大学生拥有足够多的可支配学习时间，也有更强的自主学习能力和更浓厚的参与意识。大学生利用新媒体“轻传播”网络能获得多元化信息，看得多、想得多、了解得更多，促使他们具备一定的判断能力。他们通过新媒体网络逐渐关注国家时政新闻、经济发展、民生就业，也对自身的权利更加关心。在思想政治教育过程中，学校要注重解决思想问题与实际困难，将大学生的思想政治教育落实到理解和关怀的基点上，从而增强思想政治教育的有效性，促进大学生成才。

其次，新媒体“轻传播”时代，大学生的生活方式、思维方式、娱乐方式等发生了改变，思想意识、价值观念和道德行为等也发生了一定变化。这种情况下，高校思想政治教育要转变思想，以服务理念为导向，联系大学生实际生活，更加贴近大学生的思想和情感，从而增加思想政治教育对大学生的吸引力和感染力，也促使高校思想政治教育真正收到实效。当大学生面对海量的难辨真伪的信息和其他个体不同、相左甚至极端的言论时，应该时刻保持警惕，辩证地看待热点事件。能因世间不平之事而愤慨、因国家繁荣昌盛而骄傲是好事，但也要保持冷静，保证自己的判断能力，不成为不法分子损害自己国家，或成为伤害他人的一分子。“恶语伤人六月寒”，在发表自己的评论时要再三思量，做到不信谣不传谣、未知全貌不予评论。在新媒体“轻传播”环境下，大学生可以通过市长信箱、问卷调查、网络举报等各种方式自主参与国家政治活动，《民法典》关于离婚冷静期的条例的设立就曾在微博进行民意投票。大学生作为最积极、最热情的群体，有着强大的学习能力和信息接收能力，能很快地熟悉运用各种网络参政方式，行使广大人民群众的政治监督权，自由、平等地以国家公民的身份参与各种政治讨论。参加国家的各种政治活动、关注国家的政治军事时事动态，也能很大程度上使大学生对社会主义核心价值观有正确和深入的了解，把握其真谛，对国家有更深刻和清晰的理解。

3.1.2　新媒体“轻传播”提升大学生思想政治教育的有效性

习近平总书记提出：“各大高校要与时代同步，借助新兴的智能媒介和新技术大力推进大学生思想政治教育工作，建设智慧高校，发挥新时代智能教学作用。”因此，高校要做好工作，通过新媒体的有效运用，促进思想政治教育在高校的顺利开展，通过各种方式增强教育的针对性和实效性，切实落实立德树人这个根本任务。

1. 新媒体“轻传播”的实时性，可以提高思想政治教育的时效

网络时效性是信息网络的最大优势。数字化、人工智能、大数据等技术突飞猛进的发展，极大地推进了新媒体网络的创新发展。新媒体网络具有海量数据、无限内容、快速传播、高度共享和即时反馈等重要特征，新媒体用户可以轻松便捷地获得有效信息，也可以随时随地传播信息内容，彰显了新媒体时代，人人都是传播者也是接受者的特点，打破了传统媒介传者与受众身份的界限，使传播的单一性和单向性转变为交互性与双向性。人们可以通过新媒体网络轻松了解世界经济、政治、军事、科技、教育等信息内容，及时掌握世界最新动态，实现“我”与“世界”“天涯若比邻”的梦想。新媒体技术的快速发展，也推动了国家重大活动在网络的智能直播，充分彰显了网络时效方面的巨大优势，让世界各国人民都能共享激动人心的精彩瞬间。可见，随着新媒体环境的不断变化，其在思想政治教育上的影响更加深远，通过各种平台，不断传播思想政治教育的正能量和信息内容，注重“轻传播”“重内容”，通过不断尝试，有针对性地进行思想政治教育，能使教育更加有效。

2. 新媒体“轻传播”的平等互动性，促使大学生思想政治教育传播更具有效性

新媒体“轻传播”突破了空间的限制，通过新媒体网络，将每一个用户串联起来，人们可以借助符号、表情、图片、语音、视频通话沟通，信息的传播越来越实质化，“天涯若比邻”的理想生活已经初步实现。便捷自由的新媒体网络空间可以让学生放下现实生活中的顾虑和内向的性格负担，充分发表自己的看法，向他人宣泄自己的情绪，使人与人之间的交往变得更加轻松便利，学生在阐述自己的故事的同时，也在聆听他人的故事。大家的表述不再受空间影响，通过网络，字符、语言的交流已升华为思想和精神的相互影响。在网络中，隐私能受到一定的保护，我们可以在网络中隐藏自己的身份，每个人都是自由而平等的，每个人的观点和看法都是自由的，是根据自己独到的见解发表的。学生可以在得到认同的过程中获得满足感，在争议中感悟思想碰撞的火花，从而形成海纳百川的眼界和胸怀。通过学生在新媒体网络里的真实表达，高校能及时且直接地了解到学生的思想状况和思想动态，总结出当代大学生的思想特点和普遍问题，从而对存在问题的思想和心理进行有针对性地引导和纠正。因此，新媒体“轻传播”具有隐匿性、平等性及互动性，应充分应用其特性，推动大学生思想政治教育，增强教育的效果，也使大学生更加了解思想政治教育相关内容，从而提高获得感与满意度。

3. 新媒体“轻传播”融合了显性教育和隐性教育，增强了思想政治教育的有效传播

2019 年 3 月，习近平总书记在学校思想政治理论课教师座谈会上指出，要坚持显性教育和隐性教育相统一。这一论断不仅是思想政治理论课改革创新的一种方法，也为当前思想政治教育的进一步发展指明了方向，提供了新的发展思路。在思想政治教育中，既包含显性教育，又包含隐性教育，二者有不同的功能，各有优势，都是不可缺失的，要做到二者相互统一，密切配合，形成合力，共同推进新媒体“轻传播”环境下大学生思想政治教育工作的有效开展。然而，在现实思想政治教育工作中，存在着一些教育者，不注重二者的统一，把二者硬性分开，致使思想政治教育功能得不到全面发挥，达不到良好的育人效

果。二者若是按部就班，各至其位，则各有其失，将其各部分的缺失暴露出来，这样就会出现一些问题，一是不能体现出思想政治教育对大学生的影响，二是不能发现大学生的思想问题，这两个问题得不到解决，则不能全方位地教育好大学生。显性教育无法充分关注大学生的心理和思想状态，对大学生的教育存在不完整性，而隐性教育又有时效性较低的问题，更倾向于间接的“润物细无声”的教育。因此，二者要辩证统一，有机地结合在一起，相互映衬，才能充分结合各自的优点，在互补中相辅相成，实行全方位的教育，体现出高校思想政治教育良好的育人效果。通过对传统思想政治教育方式方法的分析可知，我国高校在进行思想教育时，以校园教育和文本教育为主，而如今在互联网飞速发展的背景下，各种新媒体接连出现，尤其是在新媒体“轻传播”的大环境下，各高校应充分利用新媒体的优势，在开展思想政治教育过程中充分依托新媒体“轻传播”的特点，把隐性教育与显性教育结合起来。一方面，思想政治教育者既要开展旗帜鲜明、理直气壮与惊涛拍岸的显性教育，让大学生明确并接受思想政治教育。另一方面，思想政治教育者也要实施春风化雨、潜隐无形和润物无声的隐性教育，比如某游戏公司设计的“红军长征”网络游戏深受大学生的喜爱，他们能利用手机媒体随时随地打开游戏客户端，沉浸式进入游戏，一边体验游戏独有的魅力，一边感受到中国共产党的伟大、红军的勇敢与共和国缔造的艰辛，他们正接受一堂无声的爱国主义教育，这是新媒体“轻传播”融入大学生思想政治教育的出色案例。此外，教育者也要注重以学生为主体开展启发式教学，来共同提高大学生思想政治教育的有效性和传播力，使思想政治教育有更加丰富的内容。

在 20 世纪 60 年代，美国学者杰克森对显性课程下了定义。他指出，显性表现在教育者在进行课程教学时是有组织、有纪律的，显性课程也叫作官方课程。在对高校大学生进行思想政治教育时，通常使用的都是显性课程，这种课程是目的明确的，也是有意识地进行的，形式很直接，不仅内容是有形的，能够让人了解教育内容，是外在思想政治教育，而且是主要的教育方式。显性教育的一个显著特征就是教育目标确定性，教育发挥着主体作用，传播思想政治教育知识以及大学生对其的理解，显性教育主要是通过课堂教学、主题报告会及交流会等方式开展。1848 年，马克思和恩格斯在《共产党宣言》中提到，共产党人不屑于隐瞒自己的观点和意图。在中国共产党的领导下，我国一直重视思想政治教育，尤其是显性教育，旗帜鲜明地把思想政治教育的目标融入日常的教育教学工作中，有力地提升了思想政治教育在我国高校中的效果。而相对于这种显性教育，另一种隐性教育具有无意识性，也发挥着重要作用，同样不可或缺。隐性教育能无形中影响受教育者，使他们不经意间获得某种思想教育，其教育方式往往是春风化雨、润物无声的，主要的形式分为物质形态方面的教育、精神形态方面的教育和体制形态方面的教育，都是以隐性形式存在的。如果能够在日常教育中有效运用隐性教育，发挥其作用，将会给思想政治教育带来良好的促进作用，因此对于上述方面，要更加注重隐性教育，针对性地开发资源。进入新媒体“轻传播”时代，新媒体“轻传播”方式已被广泛应用，做好高校思想政治教育，使其在大学生中顺利开展，要能正确利用新媒体，把握其“轻传播”的特点，将隐性教育巧妙地融入显性教育，在思想政治教育中应用新媒体，提高传播效率，达成较好的效果。具体体现在：

第一，改变话语权，创设“平等对话”的新媒体交流平台。以往的思想政治教育更多是教师向学生的单向传播，容易出现“满堂灌”的现象，学生只能处于被动地听的位置，心里有话却不能表达。笔者认为这是“重传播”，宣教与灌输是其主要特点。随着新媒体的发展，“轻传播”时代到来，任何人都能在网上表达自己的观点和想法，通过记录自己的生活，和别人进行互动和分享，每个人都能制造新闻。在新媒体时代条件下，学生也有表达的权利，新媒体给他们创造了机会，使他们能够表达自己的思想，这也对教师提出了要求，他们应该在了解学生思想的同时为他们保密，尊重每个人的隐私，充分发挥学生的主动性，调动他们发言的积极性。比如针对热门事件，如中美新冠疫情防控之比较、朝核危机、祖国统一大业、新时代女排精神、中国航空航天等开展显性和隐性教育，学生可以根据自己所思所想大胆地对时政热点作出主观评价。在新媒体时代，教师要及时更新观念，用开放的态度拥抱这个时代的变化，积极调整心态，把新媒体平台作为一个拉近与学生距离的机会。教师要善于倾听学生的声音，让学生毫无顾虑地表达内心的真实想法。同时，教师也可以与时俱进，开设微信公众号、注册微博账号、建立 QQ 群等，将这些作为交流学习的平台，在这些群内，老师应该时刻关注学生的思想动态，及时发现学生的不良倾向，防止他们出现偏激的想法，纠正他们错误的观念。在这个过程中，隐性教育的优势就展现出来了。

第二，扩展校园媒体方向，融入思想教育内容。新媒体“轻传播”具有春风化雨、润物无声的渗透性教育的特点与优势。在做好校园网络建设的过程中，要加强文化传播建设，也要使高校教育者更加重视隐性教育，将无意识教育渗入日常教育工作，把握好渗透性原则，充分利用新媒体网络时代的隐蔽性和互动性等特征，借助一些合理的方式把思想政治教育的内容传递给学生。例如，高校思想政治教育工作者可以在学校官网中加入学校发展历史的介绍，让本校学生在校内网页浏览，以便更好地了解本校的校容校貌；在学校官网中对校内优秀学生代表进行宣传，让学生相互之间发挥榜样的示范作用。通过上述方式，可以让高校大学生对思想政治内容感兴趣，增加其学习的积极性和主动性。

第三，在开展思想政治教育的过程中应用各种硬件设备。比如在教学时可以使用电子屏，可以应用移动设备，甚至可以通过学生电脑开展教育，并在开展显性教育的同时融入隐性教育，使两者同时“轻传播”。可以在学生广泛关注的网站开展教育，也可以通过手机设置主题，进行传播。这种模式主要依靠学生的自主性，通过发掘学生的闪光点，提高他们的积极性，让学生意识到学习的重要性。针对一些思想困惑，学生要先总结再寻求教师的帮助，教师在这个过程中要发挥答疑解惑的作用。教师要利用新媒体平台上丰富的教育教学资源，有针对性地选取一些素材呈现给学生，让学生在玩中学，寓教于乐。随着新媒体的出现，“轻传播”更加便捷，例如，微信、QQ、微博等软件都能进行视频，促进老师和同学之间交流，还可以录制短视频，展示自己的思想动态，老师要积极参与，一旦发现问题要及时解决，这样不但能使工作效率得到提高，也能使老师和学生的关系更亲密，实现好的教育效果，在潜移默化中影响学生，解决他们的实际问题。

4. 新媒体“轻传播”宣教面广、形式多样化的优势，拓宽了提高大学生思想政治教育有效性的渠道

传统大学生所接受的思想政治教育，大多是通过有形的课堂教学及与座谈、讨论及社会实践相结合的形式开展的，这一形式受时间、场地及人数的限制，无法形成多形式的思想政治教育，其传播也受到一定限制，对大学生思想政治教育造成了一定影响，使其效率降低。而新媒体的融入和“轻传播”的发展，破除了过去那种千篇一律的教育模式的窠臼，以实时的互动性实现了双向交流、及时反馈的目标。与此同时，雄厚的硬件基础设施，也使高校能做到既关注学生学习状况，也掌握学生的素质教育和思想状况，并能将原先生硬的纯

理论说教和命令转化为绘声绘色的教学、图文并茂的引导，让学生在轻松的环境下潜移默化地接受教育。在新媒体“轻传播”的大环境下，不管是老师还是学生，都是传播主体，都能够通过新媒体，发布自己的思想动态，双方都扮演着两个角色，不仅是传播者，也是受众，彼此不受身份的限制，而是以实现思想政治教育有效性为目的。在新媒体网络里，教育者可以根据教育对象(大学生)的现实情况，量身定制个性化的教育内容及教学方法，将更具有针对性、有效性的教育信息传播给大学生。大学生和教育者之间的关系因校园网的高速兴起而转变，教育者能及时而充分地利用新媒体，调动起大学生学习的自觉性，让大学生自发地去了解和学习、掌握思想政治教育的内容。通过引导的方式，加强思想政治教育活动，教师不再完全是教育的主体，大学生的主体作用逐渐强化。大学生通过学习使自己的思想得到了充实，养成了自主学习的习惯，也增强了内心的获得感，这样的方式营造出了轻松的学习环境和良好的学习氛围，也增强了教育者和大学生之间的信任，使大学生和教育者关系更加密切，缩短了两者之间的距离。

新媒体“轻传播”手段的广泛应用，推动了思想政治教育“以人为本”的基本属性的发展。传统的思想政治教育理论课也有一定的可取之处，其按班级授课、划分统一标准、强调统一发展的特点，有利于学生的纪律管理，但是大学是一个注重发展个性和创新创造能力的平台，每个大学生都是独立的个体，过于拘束的教育方式容易忽视大学生个体的思维发展和心理发展，生硬的教学容易适得其反，这种“重传播”教育方式，很难直达学生的内心，引起他们思想和情感上的共鸣。而新媒体则能让教育者及时且全面地关注到每一个学生个体，通过新媒体的手段，如QQ、微信等社交软件，与学生进行单独沟通，了解学生的个性，对学生进行思想政治教育，与学生频繁交流，有针对性地解决学生的思想、心理问题，关注学生的差异性，根据学生个性，因材施教。老师要对学生起到好的引导作用，同时，理论要结合实践，才能有效发挥思政工作的效果。这是新媒体“轻传播”教育的优势所在，其教育成本低，教育内容广泛，教育过程轻松快乐，且随时随地能与大学生双向交流与互动，满足了大学生个性化发展的需求。教育者还需组织起能充分发挥大学生个性和能力的教育活动，同时通过新媒体用视频或图文并茂的方式对大学生进行生动的实例教学，突破原先课本学习的限制，使学生的思想道德水平在理论和实践的共同作用下，得到提升和体现。

5. 新媒体“轻传播”的海量信息库、数据智能化，为大学生思想政治教育的有效传播提供了强大的资源载体

当前，新媒体“轻传播”融入了社会生活的各个领域。即时通信、短视频、网络支付、网络购物、网络新闻等拥有了大量的用户。新媒体凭借其超强的连接和组织能力深刻变革着思想教育的内容，同时使教育方式得到了发展。在开展高校思想政治教育时，对老师的要求更高，虽然教育的载体可以是纸，但其过程复杂，工作量大，成本高，回馈效果差，这是“重传播”，比不上新媒体拥有海量资源和大容量数据库的“轻传播”。新媒体以其多样的形式丰富了教育资源，同时给思想政治教育提供了更多的内容，其有着良好的传播力及渗透力，使教育载体不再单一化，而是向着多方面发展，推动了思想政治传统教育方式的实施和发展，在开展思想政治教学的各个阶段，主要以校园广播、校园显示屏、校园报的形式提升教育有效传播的效率，并深深融入了大学生的学习和生活。传统的大学生思想政治教育主要是单方面向受教育者灌输教育目的和信息内容，用严格的规章制度使受教育者令行禁止。而新媒体与传统媒体的强制灌输不同，其以强大的渗透力覆盖大学生日常生活和学习的方方面面，春风化雨、细润无声地影响大学生的思想与行为。以往对于大学生的思想政治教育通常只能一对一，不仅效率低，而且受时间和空间多方面限制，无法对人数众多的大学生群体进行有效的思想政治教育。新媒体的发展与运用很好地解决了传统教育模式的弊端，互联网已经遍及全体大学生，可以以新媒体为载体，在思想政治教育过程中，应用数据流，通过智能推送的校园网或者学校公众号提供线上教学、课外互动交流、课后资源下载等全方位的服务。与此同时，思想政治教育者和大学生都可以随时随地打开电脑或者手机媒体轻松搜索国内外的信息资源，新媒体以其便捷和互动性强的特点，将原先仅在校园内开展的教育扩展为全社会共同参与，让大学生受到兼具新颖性、开放性与全面性的思想政治教育洗礼，大学生也能在新媒体的平台上广发评论、各抒己见、畅所欲言，及时释放学习压力，保持健康向上的心理状态。传统媒体虽然在发展过程中也产生了一定的互动性，但碍于其程序的烦琐和传播的缓慢，互动并不具有实时性，甚至受时空的影响显得相对滞后。相比之下，新媒体即时、全面、创新、平等等多位一体的海量数据库和智能化的大平台，为大学生提供了更加优质的环境和传播载体。大学生在平台上自由的发言也可以让教育工作者了解他们的动

向和思想政治近况，并有针对性、即时性地解决其思想问题和心理问题。一切教育都是通过个人参与人类社会意识而进行的。大学生的思想情绪和其关注的热点问题体现的一些负面情绪在新媒体平台上可以被思想政治教育者更加准确和迅速地发现，从而对症下药，及时地进行疏导，减少问题的发生，减轻其带来的消极影响。

6. 新媒体“轻传播”时代，思想政治理论课教学的新机遇

在整个高校思想政治教育生态系统中，思政课教学被置于“主渠道”的突出地位，因此，积极做好高校思政课教学，才能让思想政治教育内容更深入人心，使思政课教学的主渠道作用得到充分发挥。在新媒介的“轻传播”下，以往的思政课教学在理念、模式、方法等很多方面，都受到了新的挑战，若教育者无法跟上时代的步伐，就很难达到预期的教学效果。为此，高校一定要充分利用新媒体“轻传播”技术，创新教育教学模式与手段，不断提升思政课的教学质量。

(1)教育理念的现代化

教育理念是进行思想政治教育的中心环节，它是指导教学的重要内容。思政课作为高校思想政治工作的主要途径，必须以立德树人为基本任务，本着创新、协调、绿色、开放、共享的新发展思想，让思政课的教学质量得到有效提升。在思政课的教学中，习近平总书记提出：“各大高校要与时代同步，借助新兴的智能媒介和新技术大力推进大学生思想政治教育工作，建设智慧高校发挥新时代智能教学作用。”“轻传播”的新媒介时代，形成了一种“人人有话筒”“全媒体生态”“信息快速传播”的新形势，因此，在新的环境下加强思政课教学，要运用好“轻传播”技术和新媒体技术，重视在思政课教学中融入全媒体传播，让新媒体教育活动更加具有针对性、吸引力和趣味性。

(2)追求教学目标的精确性

在“轻传播”的新媒体时代，数字化技术飞速发展，新媒体与人工智能深度融合，在这种情形下，大学生的思维和行为方式都受到了极大的影响，他们对新事物的接受能力也大大提高。大学生是新媒体的主体，他们对新媒体的观点和对观点的表达有着强烈的兴趣，这使得高校的信息传播具有快速、杂碎化、娱乐化、个人化等特征，面对新媒体“轻传播”时代的新形势，要搞好思政课，就必须充分把握大学生的心理状况，即利用新媒体网络爬虫技术，首先对大学生进行数据采集、数据反馈、定性感知等多角度的研究，然后对大学生的思想、情感、行为、知识、认知等多种因素进行分析，最后对大学生进行有针对性的思想政治教育。由于技术的限制，在以往的信息获取方式上，我们主要是通过面对面交流、纸质数据抽样调查等方式来认识大学生，导致数据比较单一，时效性较差，主渠道的教育作用受到了一定的影响。随着新媒体“轻传播”时代的来临，大数据技术大量涌现和推广，为教师充分了解思想政治教育的对象，提供了一种科学的认知手段。运用新媒体网络技术，对大学生的心理状态、生活行为，进行可视化跟踪，数据化、智能化检测和及时反馈，使其能够更加深入全面地、生动地认识思政课的教学对象。在“轻传播”的新媒体时代，任何一个大学生都会在网络上留下自己的行为信息，比如社交媒体、网络浏览、考试成绩、消费支付、基本身份等，深入地分析和发掘这些资料，可以更好地了解大学生的基本情况及其日常生活学习的相关信息，从而为高校思政课教学的实施提供一种新的手段。

(3)提高教学手段的智能化，让“轻传播”顺利实现

随着新媒体技术的不断发展，新媒体逐步进入智能媒体发展阶段，促使新媒体“轻传播”效率进一步提升。高校思政课作为高等院校的必修课，通常会采取“集中授课”的方式，但其缺点在于教学方法太过单一，不能满足新时代大学生的个性发展需要。所以，有必要运用“智慧媒介”进行思想政治教育。

第一，通过智慧媒体开展在线授课，要有针对性、趣味性，实现资源的“轻传播”。在智能媒体飞速发展的今天，各类课程纷纷开始实行在线授课，可见，在线教学具有很强的优越性。教师可利用各种在线教育实时地对学生进行教学，利用大数据实时了解学生的心理状况、学习行为，有效推进思想政治教育信息“轻传播”化，实现全过程的教育培养。学生能够在不受时空约束的情况下，快速、实时地进行，实现全员受教育。教师能够针对不同的学生，及时调整教学内容，让教育更加个性化、可视化，从而达到全面育人的目的。网络教育因为大数据化，可以实时监控学生的学习状况，比如在视频学习过程中，按了“快进”“暂停”，或者提前下线，若发生以上情况，在软件数据中都能显示出学生在网课上有早退现象；如果学生不断播放教学课件，就说明他们对相关课程的理解还不够透彻，我们能够及时用智能技术来找出问题。除此之外，在教学内容调整、教学方法创新等方面，在线教学进行了适时的改善，使教学质量得到了持续提升。

第二，创造具有直观性和精准性的线下教育。网上教学有很多优势，但也

有其不足之处，比如师生、同学之间无法有效地进行沟通，缺少真实的交流，更谈不上一种集体的温馨。要实现思政教学的创新，必须运用“智能媒体”来构建思政课教学，使之具有丰富的教学内容、多样的教学方法以及生动的讲课技巧，最终达到良好的教学效果。①智慧媒体的运用，为高校的思政课教学改革开辟了新的途径。有效的教育管理，是搞好思想政治教育的根本，运用智能媒体技术对教学进行有效监控，能实现对学生教学的全程跟踪。②智慧媒体可以为高校思政课考评工作，提供一种创新的途径。利用人工智能技术对语言和图像进行一定的技术处理，并对大学生的心理状态进行分析，发现其相关的规律，从而实现开放性的评价和在线评价。③通过智能媒体识别技术可以很好地了解大学生的情绪状态。大学生情绪是一种能有效传递学生的生理和行为等信息的复合有机体，利用人工智能技术可以迅速地识别和分析大学生的情感，并进行有针对性的教学。④通过智能媒体的运用，教师之间可以实现资源共享。运用人工智能技术，可以把有经验的老师的教学设计、教学技巧等信息导入到智慧媒体的载体中，形成一个方便、共享的数据库，从而使思政课的教学变得更好。⑤智能媒体能实时、准确地进行教学反馈。在教学效果方面，通过智媒数据监测，教师能够掌握学生的学习情况，并发现能够激发学生学习兴趣的教学内容，从而制订教学要点，调整教学内容，利用智媒技术，让思政课的教学效果达到实时、准确的效果。⑥智能媒体为虚拟模拟教学提供了可视化的手段。虚拟现实技术由于其自身的多知性、交互性、体验性、自主性等特点，可以有效地解决传统思政课在教学内容、教学手段、师生互动等方面的难题，从而在达到政治导向目的的前提下，增加无穷的趣味性。

7. 新媒体“轻传播”创新校园思政工作

高校思政工作是高校德育工作中不可缺少的一环，具有任务重、涉及面广、参与人数多、传播速度快、突发性强的特点，因此，我们要把思想政治教育工作放在第一位。但是，高校思想政治工作极其复杂与繁冗，尤其是在互联网技术迅速发展的今天，随着多种形式的网络“轻传播”方式的出现，每个人手中都拿着一个“麦克风”，这对高校思想政治工作提出了更高的要求。所以，高校思想政治工作要积极地顺应新媒体“轻传播”的新形势，推进高级智媒技术的发展，实现智库化、智能化、平台化的建设，打造新媒体“轻传播”发展的新格局。

(1)智媒助推思政工作智库化

在大数据与人工智能快速发展的背景下，世界万物都会被数据化，形成一个庞大的复杂体系。明者因时而变，智者随事而制，所以，在网络信息媒介时代，要做好思想政治工作，就必须在思维方式上进行创新，积极建设好智慧校园思政。首先，要准确地认识大学生的校园行为。及时调整大学生的信息状况是做好思想政治工作的先决条件，而大数据技术为高校思想政治工作奠定了坚实的基础。学生资料包含了学生档案、学生行为、网络痕迹等校内资料。利用大数据技术，科学、系统地把大学生的数据合成到思政教学的数据库中，这样才能更好地掌握每一位大学生的心理状况，为今后的思想政治工作提供全面、准确的数据。其次，要对大学生的课外活动有完整的认识。思政工作是保证学校始终坚持社会主义方向的一项重大政治任务，各类学校都十分重视，并组织了大批思政工作者参与其中，虽然有一定效果，但效果并不理想，主要是由于各高校的思政工作都局限于各自的学校，缺乏交流，不能让有效的经验数据化，也无法实现信息分享“轻传播”化。随着新媒体“轻传播”时代的到来，新技术不仅突破了学校与学校的边界，还突破了大学校园与社会的边界，使政府、社会、公众与学校的力量结合在了一起。因此，要持续提升高校思想政治工作的教学质量，就必须构建区块链式的虚拟思政智库，并将优秀的教学方法和实践经验，上传至虚拟思政智库，实现“共享”“跨领域”的思政协作。

(2)智媒助推思政工作智能化

高校思政工作涉及范围广，并且突发性强，对高校思政人员的身体和心理造成了很大的影响。智媒体时代的到来，给高校思想政治教育的智能化建设提供了技术支持，高校应构建一种智能的思政教学模式，把思想政治工作者从繁重的思想政治任务中解脱出来。首先，运用大数据与人工智能技术，就可以对在校学生进行实时的数据追踪，然后对大量思政资料进行相应的分析与判断，就可以准确地预测未来的思政状态。其次，思政 App 可以随时开启软件，进行可视化的教学和管理，除此之外，App 上的数据也会有学生登录使用的相关情况，App 能自动分析，并准确地反馈出来，从而加强对大学生的教育，做好他们的思想政治工作，实现技术、数据、教育一体化的高校思政，构建以智能为驱动的、以人为本的新型思想政治教育体系。

(3)智媒助推思政工作平台化

新媒体“轻传播”时代，高校在思想政治工作改革和创新的进程中，要发挥新媒体的智能化技术优势，构建思政平台，增强高校思政工作的实效。

第一，加强思政专业人才队伍建设。要把思政工作做好，必须有一支政治强、视野广、业务强、情怀强、思维新、人品正的思政教师队伍，这是思想政治工作的核心，也是关键。因此，首先，各高等院校要组织思想政治教师参加智媒技术培训，提高他们的智媒应用能力；其次，要优化高校思政课师资队伍，注重吸纳具有新媒体应用能力的优秀青年人才，让思政课更有影响力和吸引力；最后，要积极引导思政工作者把智媒思想政治教育与教学实践相结合，以教促研、以研促教，促进思想政治教育的全面发展。

第二，拓宽校园思想政治教育信息平台。当前，我国大部分高校的微媒体平台（微信政务、微信公众号）建设已经初见成效，然而效果并不是很好，还有待进一步完善。面对智媒体“轻传播”的时代，高校要加大人力、物力、财力的投入，将其作为一项长期的工作，打造智能化、移动化、社交化的教学平台，真正做到“全媒体”的管理。

第三，凝聚齐抓共管的思政智媒力量，为思想政治教育“轻传播”保驾护航。利用智媒平台开展思政教育，对提高高校教师、辅导员以及学生自我管理团队的凝聚力有一定的促进作用。高校要根据自身具备的特点以及实际情况，进行思想政治教育工作，比如，利用新的移动媒体平台，向社会公布具有较高时效性的信息。同时，教师和学生可以通过移动设备中的媒体平台接收工作和学习信息，并及时处理和反馈，实现思想政治教育信息“轻传播”，大大提升思想政治教育的及时性、效率性和针对性。

3.2 新媒体“轻传播”环境下大学生思想政治教育面临的挑战

技术在发展，社会在进步。依托数字技术的新媒体“轻传播”快速发展并广泛应用，致使社会信息传遍世界每个角落，给当代大学生的生活、学习和思想带来了新的影响，也为新形势下大学生的思想教育提供了新的模式。随着新媒体“轻传播”时代的到来，高校大学生思想政治教育环境已发生重大变化，高校思政工作者要积极迎接这种时代变革，战胜各种困难和挑战，怀抱一颗为党育人、为国育才的初心，不断提高立德树人、铸魂育人的水平和能力，为做好新形势下大学生思想政治教育工作而努力奋斗。

3.2.1　新媒体“轻传播”环境下大学生思想政治教育有效性“受者”问题

1. 新媒体“轻传播”的信息海量性和无界性给高校教育工作者带来了不利影响

在新媒体网络技术的影响下，新媒体为大学生的思想政治教育提供了新的传播技术环境，这种“轻传播”的方式给大学生带来了是否有效传播的现实问题。在新媒体“轻传播”大环境下，信息传播有了更多的优势，主要体现为传播时间和空间的无屏障，同时资讯也是无屏障传播。信息获取的渠道呈多元化趋势，信息获取的条件也发生了巨大变化，世界各国的信息获取能力成为国家强大的重要因素。在生产力与科技发展水平方面，发达国家比发展中国家更具有优势，特别是发达国家能很好地把握住以信息技术为主要代表的第三次科技革命的机遇，大力发展信息网络技术，推进社会各行各业快速发展，从而大大提升国家的综合国力。如今在以信息技术为基础的新媒体“轻传播”时代，发达国家往往凭借其先进的信息传播技术优势，悄无声息地向发展中国家宣教其意识形态，诱导他国青年树立不正确的价值观，大搞颜色革命。新媒体网络具有连通性和无界性，使发达国家轻易地把渗透意识形态的信息通过新媒体网络快速传播到广大发展中国家，这样的信息不可避免地会进入高校。西方发达国家常常控制着国际网络上的舆论导向，通过电影、短片、采访等方式将其价值观渗透给别的国家，其思想意识对大学生的思想认识带来了一定的负面影响。“所谓思想政治教育环境，就是思想政治教育所面临的环绕在受教育对象周围并对其产生影响的客观现实。”很多外来信息在高校中传播资产阶级主流文化，宣扬“殖民文化”。此外，还在新媒体网络里疯狂传播一些不道德、不健康的信息，来侵蚀大学生的思想。新媒体信息无孔不入，新媒体的发展促使信息化的进程不断加快，人们获取信息的手段越发先进，信息源越发广泛，信息渠道越发多样。这样的信息如果长时间环绕在大学生周围，必然会对大学生产生不良影响。以往，高校大学生的思想政治教育是一种有计划有组织的系统的教育，信源具有一定的权威性。但是在信息技术高速发展的今天，高校的思想教育信源的权威性被打破了，失去了原有的核心地位。这种情况下，思想政治教育的传统教育环境正在被颠覆，垂直化的信息传播方式已经被改变，原有的传播渠道和教育环境也被大大改变。当代大学生所受的教育不再局限在校园，其打破了时间、地域的限制，大学生得到信息的方式也不再是在校园中直上直下了，更多地来源于他们手中的电子产品，进而接触到各式各样的信息，不同的思想意识深刻地影响着大学生的行为。现今的大学生思想活跃、创新性强、易接受新鲜事物，他们获得信息的渠道更多更广泛，甚至比教育者得到的信息更快更先进，教育者对他们进行思想政治教育时遇到了更多的困难。不可否认，新媒体“轻传播”为大学生的思想政治教育学习提供了广阔的平台，但纷杂的信息也不可避免。目前，大学思想政治教育在环境引导上并未采取有效措施，在管理方面存在滞后的情况。

2. 新媒体“轻传播”的“去中心化”和“超现实性”弱化了对“受众”进行思想政治教育的有效性

一方面，新媒体技术实现了“轻传播”，这个时代更注重个性化和传播方式的多样化。大学生能够主动地参与到各种形式的交流活动中，成为各种信息方式的主体。在新媒体网络技术支持下，信息的传播渠道和方式有了更大的变化，“去中心化”成为发展的新趋势。同时，也带来了一些社会问题，网络媒体为了追求更高的商业价值，吸引更多人的关注，以追求利益为本，丧失职业形象，没有道德底线，不顾及社会责任。国外的反动势力会利用新媒体攻击我国的政府，他们会美化西方社会制度，甚至颠倒黑白，混淆视听，企图颠覆政权。种种现象，对当代大学生的成长带来了不利的影响。大学生比较年轻，乐于追求新鲜事物，寻找刺激，喜欢时尚，容易接受新事物。但是他们还没有形成稳定的是非判断标准，分辨是非的能力还有待提高，判断真假善恶美丑的能力还不足，容易被事物表象迷惑。面对社会上的诱惑和误导，如果没有正确的引导，容易误入歧途，这就需要大学教师在做思想工作时，正确地教育大学生，引导他们对事物进行准确的判断。另一方面，“轻传播”的传播方式利用了互联网等技术，相对虚拟，比较隐匿，而且传播速度更快，传播面更广，但传播者对其传播的内容不负责任，会更加无所顾忌。因为虚拟世界和现实世界不同，人们在网络世界中不能清醒地面对现实。当人们不满于现实，就会在虚拟的世界中寻找发泄的渠道。虚拟的网络世界中存在海量的信息，给人们带来不同的精神影响。网络的虚拟性，给网络用户带来了更多新鲜感，很容易满足人们的心理需求，使人们得到更多刺激，满足人们的好奇心。在虚拟世界中，道德缺乏约束，人们会为了一己私欲而忘记道德底线。而大学生没有成熟的心理，人格还没有定型，需要加强对他们的教育，让他们形成正确看待世界的标准，拥有理性的判断是非的能力。他们对事物的判断会受到情绪的影响，容易被不良信息引诱，法律意识淡薄。他们受到网络虚拟世界的冲击后，虚拟世界的负面情绪和不良思想会对他们造成一定的影响，同时由于网络监管不力，海量的信息会通过网络进行快速传播，这些都给思想政治教育工作造成了一定的困难。

3. 新媒体“轻传播”对受众的思维模式、价值观念与心理提出了新的挑战

在新媒体“轻传播”环境下，世界联系紧密，网络成为连接世界的桥梁和纽带。我们每个人都离不开世界，离不开网络，人们之间的距离不再遥不可及，而是变得近在咫尺。世界各国之间通过网络相互联系，关系密切。新技术促进了经济全球化的发展，通过网络，发达国家的思想文化意识能够影响整个世界，其价值观和意识形态也迅速在全世界传播。大学生更容易出现消极浮躁的情绪，叛逆性较强，思想迷茫。尤其是“00 后”的学生，他们处于飞速变化的时代，自我意识强，从小被家长宠溺，心理问题较多，如果不能正确地引导和教育他们，容易让他们形成错误的思想，影响他们健康成长。在对大学生的相关调查中，针对新媒体的混杂信息是否影响大学生思想品德教育的问题(图 3.1)，超过 51%的学生认为有影响，选择了同意；更有超过 18%的学生表示非常同意，由图 3.1 可知，有将近 70%的学生同意新媒体带来的信息影响学生的思想品德的形成。

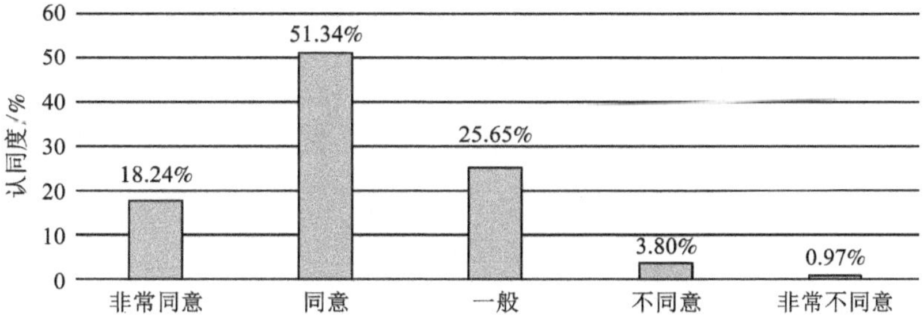

图 3.1　大学生关于新媒体影响高校学生思想品德教育的认同度

3.2.2 新媒体“轻传播”环境下大学生思想政治教育有效性“传者”问题

1. 反“权威性”削弱了大学生思想政治教育中“传播者”的主导性话语权

在高校大学生的思想政治教育工作中，教师是主导，对学生的教育中，有着一定的权威性。一是知识的更新和流动都比较慢；二是知识具有相对封闭性。教师权威表现为教师在教学过程中对学生的正确引导。学生对教师的信服和尊重使教育能够起到一定的作用，但是在新媒体网络技术不断发展的今天，教师具有的优势正逐渐被新媒体代替，教师的权威性受到了多方面的挑战，包括网络信息技术的发展、社会环境的不断变化、价值观的不同，教育面临着更多的问题，部分教师没有责任心，不顾及教师的形象，丧失了教师职业的威信，这些都大大影响了教师在学生心中的形象。

新媒体“轻传播”使教师的话语权遭到了质疑，教育工作难度加大。教师的重要工作是教书育人，学生应该听从他们的教导，应该尊重自己的师长。但是，随着新媒体技术的发展与广泛使用，信息以不同的形式快速传播，教师拥有的知识不再具有更大的优势，学生不仅可以从教师那里得到信息，还可以通过其他渠道获取知识。教师在学生心目中的权威性在不断下降，教师的知识受到了新的挑战。新的教育环境，对教师的权威性提出了新的要求。新媒体“轻传播”时代，教师的权威性逐渐降低，并出现了和网络竞争的局面。在新媒体“轻传播”环境下，教育者(传者)与大学生(受者)的地位发生了改变，他们是平等的，有时教育者的接受能力反而低于大学生，在信息传播中反而处于被动。根据此情况，传统思政工作者的权威地位被撼动了。所以，教育者的教学能力受到质疑，学生出现了信任危机，在课堂上不再认真听讲。

我国高校思想政治教育依靠思想政治教育者对大学生进行教育，而思想政治教育者的素质对教育效果有很大的影响。在传统思想政治教育中，教师具有一定的权威，给学生留下了深刻的印象。教师在学生心中的权威性使学生愿意接受教育，乐于听教育者的教导，接受他们的思想教育工作。在传统思想政治教育中，教师本身在学生中有较大的影响，教育工作容易开展，并且能取得较好的效果。但是，新媒体出现了，它更平民化并具有一定的草根性，容易被大众接受。同时，学生产生了反权威的心理。通过新媒体，学生能够获得一定的信息，同时也能够根据自己的需要获得相应的信息，他们接受的教育不仅来自思政教师，还来自新媒体网络。新媒体技术能够提供碎片化的信息，且更具有娱乐性，容易被大学生接受和认同。碎片化的信息，使他们接收的信息没有严格的逻辑和体系，他们的思想不能够判断更为复杂的事物，而传统思想政治教育要求他们的思想具有条理性，且能全面地认识问题，这些会被他们逐渐放弃。学生以前习惯问老师问题，在新媒体“轻传播”环境下，则逐渐转变为百度搜索；以前对教师传授的价值观深信不疑，现在逐渐转变为有所怀疑，并会产生一定的信仰危机；对学术权威也由敬仰变为质疑，甚至不屑一顾。在新媒体“轻传播”环境下，思想政治工作者具有的权威性被削弱，原来因为知识信息传授渠道封闭、社会阅历丰富和实践经验众多等带来的优势逐渐被新媒体“轻传播”打破。

2. 新媒体“轻传播”对大学生思想政治教育有效性的方式、方法提出挑战

要在新媒体“轻传播”背景下，对思想政治教育的高校大学生理念、手段等进行创新，要努力探索新时代的工作新方式。随着新媒体技术的广泛运用，其庞大的信息量、极快的传播速度、宽泛的覆盖面、多样的传播形式等特点深刻地改变着教育环境，使教育工作遇到了前所未有的挑战。在思想政治教育工作中，传统的大学教师虽然身经百战，算得上颇具教学经验，但大多对于新媒体的使用不够熟练，有些教师对于新媒体这个新事物不太了解，甚至部分大学教师对新媒体尽显排斥，对新兴的社交应用、知识分享和网络直播等知之甚少，不能较好地借助网络新媒体提升思想政治教育水平和能力。这就导致了一些问题，当面对恶性舆情时，他们不能有效应对，做不到有效引导或化解网络舆情，也就更谈不上科学地应用新媒体育人了。此外，在新媒体环境下，一些思想政治教育者仍在使用传统的管理思维从事网络舆论引导和思想政治教育工作，没有使用科学的思想政治教育方法。如当网络中出现质疑或批评时，使用删帖、封号等方式去消除影响，或者试图以惩戒、处罚当事人等方法来处理网络舆情危机。还有部分高校疏于日常教育和引导工作，仅对突发危机的管控予以重视，网络预警和风险防范意识不强，在关键时刻总是惊慌失措，导致大学生对校园治理的情绪不断积压，短时期内在网络空间引爆，产生巨大的负面能量。在思想政治教育教学上，有的高校往往流于形式，课程内容设置不科学，课堂

教学常常敷衍了事，课后也很少对大学生进行人文关怀、心理疏导、信念引导等。这些现象很容易使思想政治教育陷入被动局面。在思想政治教育活动中，思政教师是教育的主体，要引导学生形成积极向上的精神面貌，培养符合社会发展需求的全面人才。一方面，思政教师要更新教育理念，主动融入新媒体“轻传播”时代，充分利用新媒体挖掘有价值的教育资源，丰富思想政治教育内容。另一方面，要创新教学方法，善于用新媒体网络平台开展网络思想政治教育，实现“三全育人”的目标。

第 4 章

新媒体“轻传播”环境下大学生思想政治教育有效性的现状调查

随着数字技术的迅猛发展，新媒体“轻传播”方式被广泛应用到社会的各个领域，也包括我国高校思想政治教育工作领域。由于新媒体自身所具备的轻松快乐、通俗易懂、灵巧轻便、随时随地、快速传播的特点，高校思政课越来越多元化，其教育特点与传统教育的形式大相径庭，变得越来越复杂化。正因如此，相关的思想政治教育工作就必须要全面了解当前新媒体“轻传播”大背景，总结分析我国高等院校在大学生思想教育方面的详细情况，比如现阶段发展的优势以及存在的弊端，从而有针对性地做好新时代高校大学生思想政治教育工作。

本章笔者通过选取具有代表性的目标院校大学生发放问卷调查，并根据获得的调查数据对当前高校大学生思想政治教育有效性现状进行细致分析与总结，发现了其存在的问题，为后文的深入研究提供了方向。

4.1 调查研究

4.1.1 样本选择与问卷编制

1. 样本选择

本章主要调查了江西财经大学、江西农业大学、华东交通大学、江西科技师范大学、江西师范大学、江西农业大学南昌商学院、江西机电职业技术学院等江西高等院校。本次调研需要重点了解高校思想政治教育使用新媒体的情况、思政教师与大学生对新媒体的掌握与使用情况，并对问卷调查数据及时归纳与总结，以便为今后高校思想政治教育工作提供一定的理论与数据支持。

2. 问卷编制

本书共设计两份问卷调查表，问卷 1 是《关于新媒体时代高等院校学生思想政治教育方面的调研问卷》，其中，问卷 1 的第一部分详细地阐述了本次调研问卷的设计说明；问卷 1 的第二部分针对高等院校学生基本信息情况的填写表格；问卷 1 的第三部分是大学生对新媒体时代学校思政课方面的情况以及看法。问卷 1 共设计了 24 道选择题以及一道问答题(问答题：关于高校如何更好地开展思想政治教育课，谈谈你的看法或建议)。问卷 2 是《新媒体“轻传播”环境下大学生思想政治教育有效性调查问卷》，由两部分构成，共 42 题。第一部分是关于使用新媒体网络社交平台的综合情况，设计了单项和多项选择题；第二部分是大学生关于新媒体的接受程度、所受影响以及在新媒体“轻传播”的形势下，对思想政治教育内容的影响与看法，设计了单项、多项及勾选题型。

4.1.2 样本介绍

笔者深入具有代表性的目标学校进行了《关于新媒体时代高等院校学生思

想政治教育方面的调研问卷》(附件 1)和《新媒体“轻传播”环境下大学生思想政治教育有效性调查问卷》(附件 2)共两个内容的问卷调查。发放问卷 810 份,收回 800 份,有效问卷 800 份。参与调查的学生中,男生 496 人,占比 62%;女生 304 人,占比 38%(图 4.1、图 4.2)。

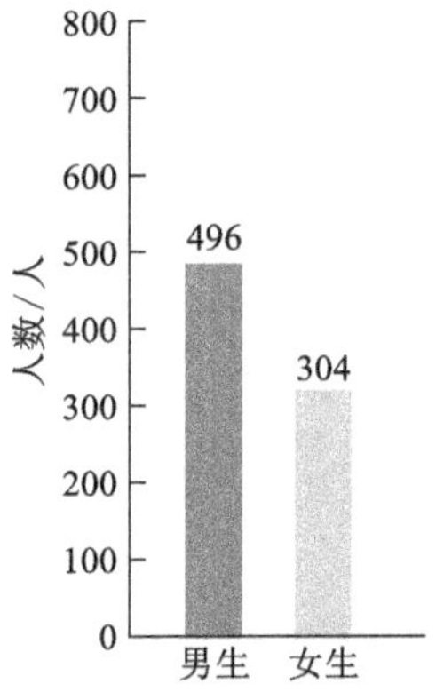

图 4.1　被调查者的性别情况

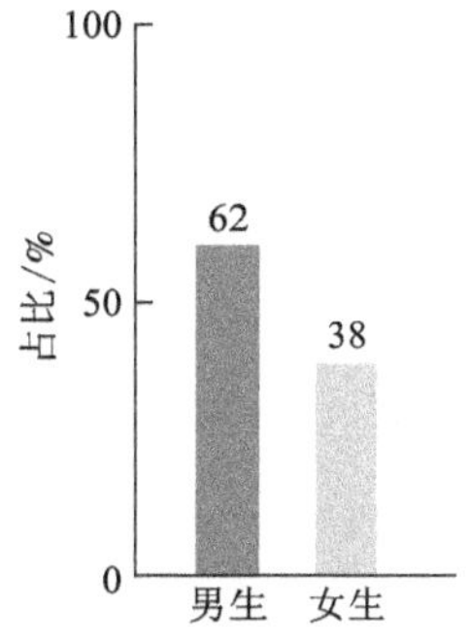

图 4.2　被调查者的性别占比

理工类专业学生 373 人,占比 46.62%;文史类学生 157 人,占比 19.62%;经管类学生 135 人,占比 16.87%;教育类学生 59 人,占比 7.37%;艺术类学生 27 人,占比 2.62%;其他专业学生 49 人,占比 6.9%(图 4.3、图 4.4)。

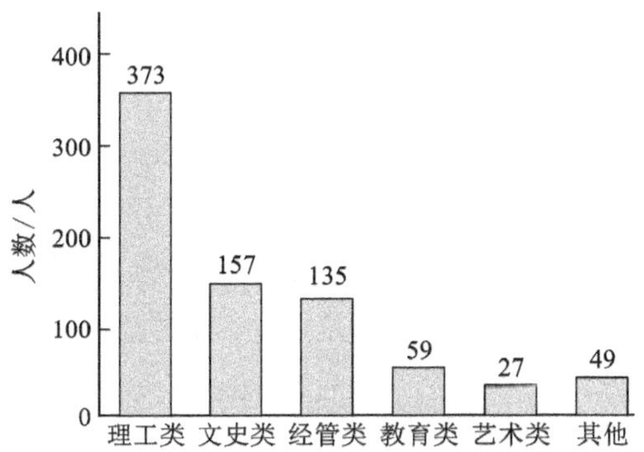

图 4.3　被调查者的专业分类情况

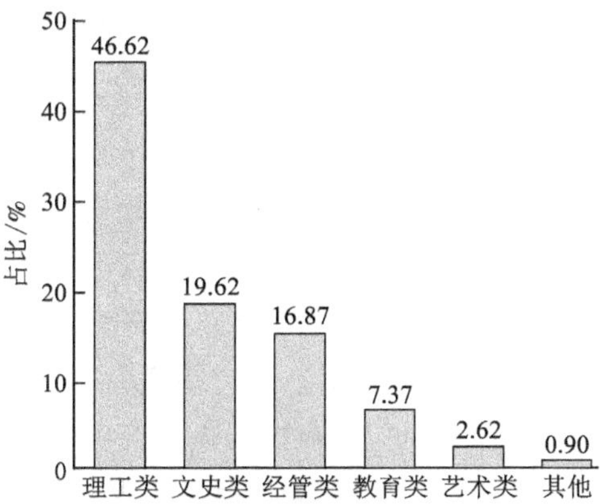

图 4.4　被调查者的专业分类占比

团员学生 567 人，占比 70. 87%；中共党员学生(含中共预备党员)69 人，占比 8. 62%；群众 164 人，占比 20. 51%(图 4. 5)。抽取样本科学合理，可反映实际状况。

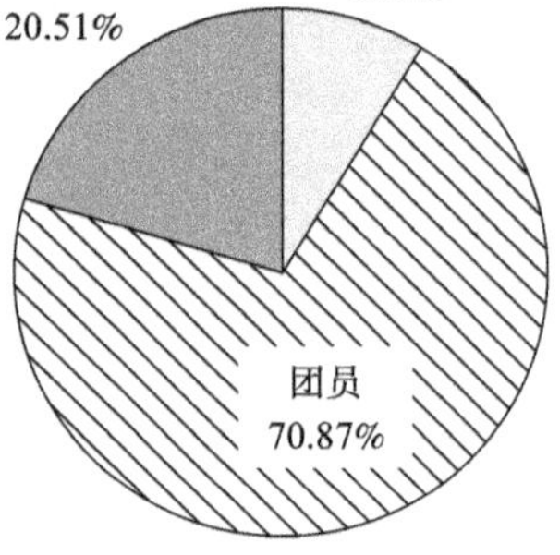

图 4. 5　被调查者的政治面貌

4. 2　高校大学生思想政治教育运用新媒体情况及其关注内容

在新媒体“轻传播”大环境下，准确掌握大学生思想政治教育运用新媒体的情况及师生所关注的焦点，是做好新形势下思想政治教育工作的前提。

4. 2. 1　大学生使用新媒体情况

通过本次调研活动，了解了大学生使用新媒体的相关情况、使用新媒体软件的原因以及使用时间的长短等，通过这些数据可以分析新媒体“轻传播”环境下大学生使用新媒体情况及其特点。通过对高校大学生新文化形式下对不同产品的喜好以及热衷的话题进行调研分析，能准确地了解目前高校学生对现阶段社会相关问题的关注情况以及对新媒体的使用情况，结果详见表 4. 1。

表 4.1　大学生使用新媒体的动机

使用新媒体动机	次数	频率/%
观看影视节目	2685	64.2
查找学习资料	2892	72.0
聊天、交友	2368	56.0
浏览新闻	1795	43.0
网上购物	875	21.0
其他	350	7.9

以上调查结果表明，新媒体“轻传播”环境下，大学生使用新媒体的动机大致可以分为四大类：第一类为社交方面；第二类为学习方面；第三类为相关娱乐方面；第四类则为新闻的浏览方面。通过调研数据的结果分析，这几个方面是目前大学生使用新媒体的主要动机。不仅如此，问卷调研所设计的题目正是以这几方面为主。通过对收回的有效问卷进行统计，我们得出结论：在聊天、交友方面使用频率较高的新媒体是以短视频为代表的抖音及快手，以通信软件为代表的 QQ、微信以及微博等；查找学习资料方面使用频率较高的新媒体是百度等。详见表 4.2。

表 4.2　大学生上网选用新媒体及客户端

分类	选项	次数	频率/%
常用新媒体	微信	4456	99.5
	QQ	3987	98.2
	短视频	3854	97.3
	微博	2831	80.6
常用客户端	智能手机	4348	98.4
	笔记本电脑	1864	42.7
	电脑	3837	96.2

此项调查结果表明，在新媒体“轻传播”环境下，大学生快捷、方便地获得网络信息，能够更好地促进有价值信息的有效传播；大学生上网主要使用智能手机与电脑，手机使用率及上网普及率非常高。

4.2.2 大学生在新媒体上关注的内容

1. 大学生使用新媒体关注思想政治教育信息

在对大学生关于“您是否经常关注共青团中央的微博、App 上的内容?”的问题调查中(图 4.6),有 29.80%的人选择“经常”;有 31.70%的人选择“一般”;有 23.20%的人选择“偶尔”;有 11.60%的人选择“很少”;有 3.70%的人选择“从不”。

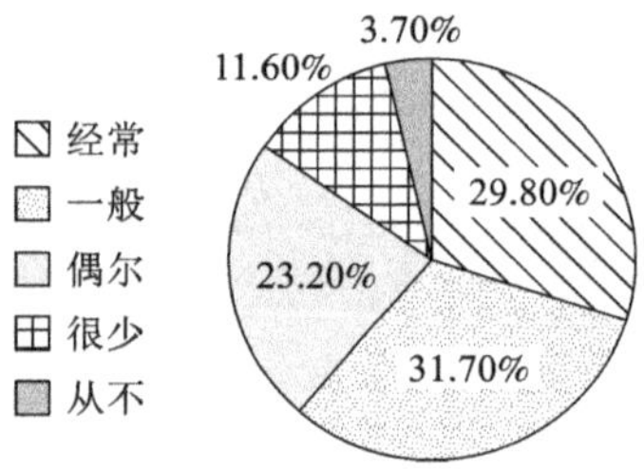

图 4.6 阅读共青团中央微博、App 上内容的统计情况

2. 大学生对意识形态影视文化的喜好及对网络意识形态的参与及关注情况(表 4.6)

表 4.3 大学生对意识形态影视文化的喜好情况调查

类型	次数	频率/%
爱国题材	3258	88
青春剧	3056	81
古装剧	2134	65
美国大片	1286	34
韩剧	1434	39

此项调查结果表明,大学生非常喜爱观看爱国题材的影视资料,热衷于具有时代气息的青春剧,并且喜欢通过短视频平台观看主题明确、内容短小且易传播的视频,不仅如此,他们也对中国传统文化气息浓厚的古装剧有着

独特的喜爱，这有利于不断传承和发扬中国的传统文化。此外，近些年来，大学生对美国大片、韩剧等外来影视的热衷度急剧降低，进一步彰显了中国文化的自信。

表 4.4　新媒体环境下大学生对网络意识形态的关注及参与情况表

	关注度/%
青年大学生对政治意识方面的关注度	非常关注：42.5 关注：40.1 一般关注：11.2 不关注：5.8 完全不关注：2.1
青年大学生对政治意识话题讨论的参与度	积极参与：22.5 参与：29.8 一般参与：48.6 不参与：9.4 完全不参与：2.2

通过表格数据情况分析，在现阶段的新媒体“轻传播”背景下，高校大学生对社会的相关政治意识形态内容的认知呈理性态度，高校大学生对政治意识形态话题讨论方面的参与度与认知度都有了非常大的提升，这主要是因为新媒体网络具有开放性、平等性及隐匿性的特点，大学生可以利用新媒体网络对自己所关注的信息内容发表评论，这极大提高了大学生的参与度与互动性。在新媒体“轻传播”的背景下，高等院校学生对新媒体的使用度非常高，新媒体传播的即时性特点在一定程度上促进了大学生对网络产品的喜爱。但从另一方面也可以看出，大学生对于新媒体中思政教育内容的关注程度不高，仍有一部分学生忽视思政课的教育内容，这样的情况需要得到高校思想政治教育部门的高度重视，要根据大学生现阶段思想政治教育所存在的问题进行系统的分析，并根据大学生自身的实际情况制定相关的解决对策，利用新媒体低成本、快扩散、高效率的“轻传播”优势向大学生推送大量正能量的微产品，来满足大学生个性化发展的需求，不断提高思想政治教育的有效性。

4.2.3 新媒体“轻传播”环境下高校开展大学生思想政治教育应用新媒体情况

新媒体“轻传播”背景下，高等院校的思政课对各新媒体软件和App的应用受到了老师以及学生的喜爱。通过对高等院校的线下思政课和网络思政两门课程在教育中使用新媒体情况、学生的满意度以及高校思想政治教育对学生的教育情况进行问卷调查，来了解学生对新媒体的真实态度，以便在大学生思想政治教育工作中选择更受学生青睐的新媒体，充分发挥新媒体双向互动“轻传播”的优势，不断提升思想政治教育的有效性。

1. 思政课教师关于新媒体使用的主动性与方法不足

通过以“在课程教学过程中，教师运用新媒体主动性和方法情况”为内容的问卷调查得知(图4.7)，大学生认为教师有“很好”的新媒体使用主动性和方法的占比为32.60%；有45.20%的人选择“较好”；有18.90%的人选择“一般”；有1.95%的人选择“较差”；有1.35%的人选择“很差”。

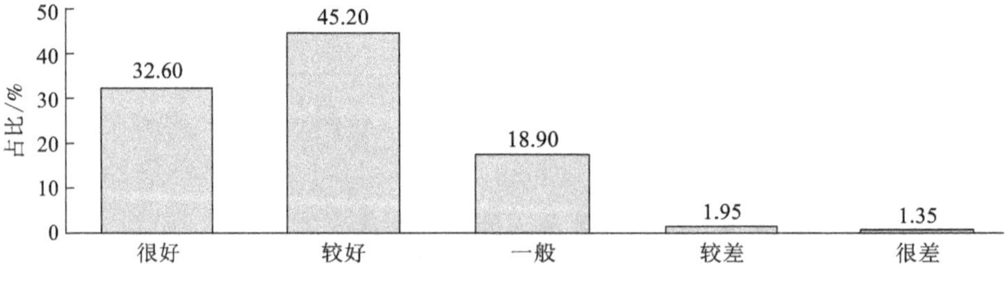

图4.7 教师运用新媒体主动性和方法情况

有27.5%的人“非常同意”新媒体运用到思想政治教育中；有55.02%的人选择“同意”新媒体运用到思想政治教育中；有15.90%的人选择“一般”新媒体运用到思想政治教育中；有0.83%和0.75%的人选择“不同意”以及“非常不同意”新媒体运用到思想政治教育中(图4.8)。可见，今后高校要加大对思政教师的媒介素养教育，更新教育理念，提升新媒体使用的主动性和积极性，创新教学方法。

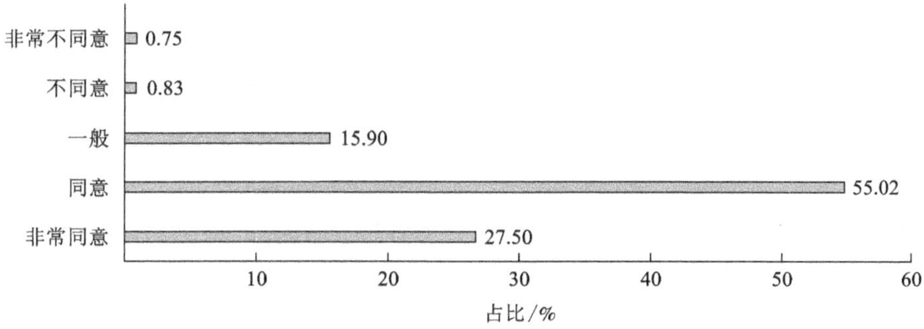

图 4.8　新媒体思想政治教育接受度

2. 学校思政部门对思政课教师关于新媒介基础理论的培训不足

通过对目标学校思政课教师的调查中得知，有 65%的思政课教师认为学校组织关于新媒介基础理论的培训会次数不多，未全面提升他们的新媒介素养，影响他们在思政课教学过程中使用新媒体辅助思政课教学的开展，不能充分发挥新媒体的功能与优势来提升思政育人的效果与水平。

3. 学校利用新媒体进行思政传播的力度不足

通过对大学生在“您认为官方平台还应该加强哪些方面?”的问题调查(图 4. 9)中得知，有 60%以上的学生认为学校应该在“信息及时”方面加强；有 57. 60%的学生认为学校应该在“平台互动”方面加强；有 64. 25%的学生认为学校应该在“形式新颖”方面加强；有 53. 35%的学生认为要加强“内容丰富”；有 37. 38%的学生认为在“语言生动”方面要加强。可见，在今后的学校思想政治教育工作中要与时俱进，紧跟时代步伐，积极利用深受大学生喜爱的新媒体平台进行思政教育信息的传播，同时，需要对学校思政传播的官网信息内容进行及时更新，积极回复学生的评论，满足大学生对思政教育信息关注与了解的需要，从而进一步提升思政育人的效果。

4. 学校思政教育部门对新媒体的日常管理与运营存在不足

通过对目标学校的大学生在“新媒体开展思想政治教育困难的原因”的问卷调查(图 4. 10)中得知，认为学校对新媒体“技术欠缺”“维护不够”“高校不

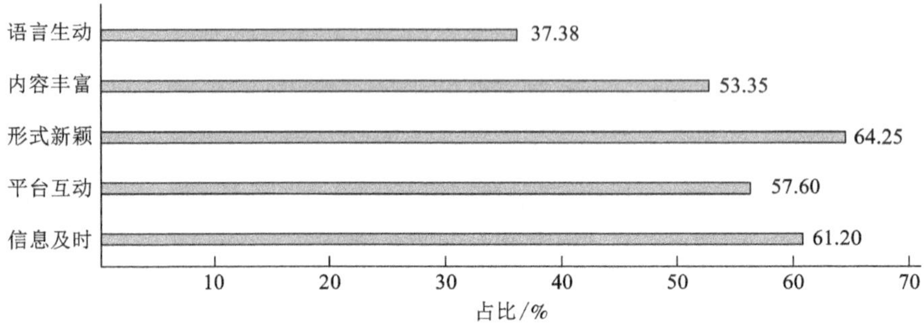

图 4.9　官方平台待加强情况

重视”“学校宣传不到位”“学生积极性不够”等的人数分别为 456 人、423 人、386 人、457 人、489 人。这表明学校思政教育部门要发挥好新媒体宣传教育的功能，需要高度重视新媒体的日常管理与有序运营，加强新媒体运营管理队伍建设，促使新媒体宣传平台始终成为学校与大学生互动的重要平台，有力提升大学生思想政治教育的有效性。

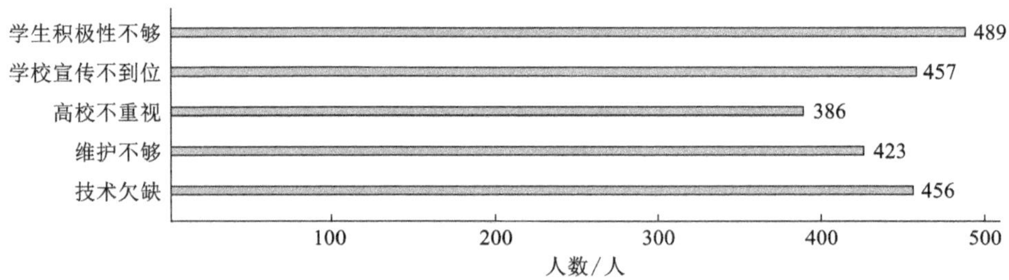

图 4.10　新媒体开展思想政治教育困难的原因调查

4.3　新媒体“轻传播”环境下大学生思想政治教育存在的问题及原因

新媒体“轻传播”时代的到来，深刻改变了高校大学生思想政治教育环境，也对大学生的思想、认知及行为产生了重大的影响，当前，如何提升新媒体“轻传播”环境下高校大学生思想政治教育有效性，成为各高校思想政治教育部门共同高度关注的问题，也是必须得到科学、合理解决的现实问题。通过此次问卷调查发现，在新媒体“轻传播”环境下，影响大学生思想政治教育有效性的主要问题有大学生思想观念与心理问题、思想政治教育内容不合理问题、教师权威弱化问题、大学生认可度不高问题等。只有当教育与接受两方面形成互通共振时，思想政治教育的有效性才能真正得到提高，立德树人的目标才能逐步实现，从而不断培养国家发展需要的优秀建设者，进一步实现全面建设社会主义现代化国家的目标。

4.3.1　存在的基本问题

1. 思想政治教育的接受程度不够

(1)教育者言行不一

学校通过正规教育，由思想政治教育工作者向大学生进行思想政治观念的灌输，强化大学生的思想政治意识修养；同时，通过新媒体及社会舆论，对大学生的思想政治意识和行为修养进行潜移默化的影响。思想政治教育的有效性不仅需要教育者知行合一、言传身教，同时也需要教育灌输和社会舆论的相得益彰。如果教育者说一套做一套，台上台下两套标准，而媒体传播又是一套标准，那么大学生势必难以认同，思想政治教育效果可想而知。这种现象在大学生学习生活中较常见，给思想政治教育效果的实现增加了较大的难度。大学生具有较强的自主性和批判性特征，他们不仅要接受教育，还要审视社会，如果教育灌输与社会舆论不能协调统一，教育者不能做到言行一致，那思想政治教育的有效性必将遭到破坏。通过调研也发现，当前部分学校的思想政治教育内容缺乏现实性与吸引力。思想政治教育的内容是最终效果的关键影响因素。由此可见，要使大学生有效接受思想政治教育信息内容，就要使之与大学生的兴趣、喜好相契合，能够满足大学生个性化发展的需求。通过调查与分析得知，在问题“对于思想政治教育相关的网站，您会进行阅读吗?”的调查中，选择“一般”“偶尔”“很少”的学生占比依次为 37.12%、29.45%、13.25%。在以往的学习过程中，枯燥、乏味感相对较强，学生受到上述因素的影响，关注思想政治教育内容的主动性相对缺乏。另外，门户网站种类众多，创新缺乏的问题较为显著，这些因素对于学生的主动性都会造成不同程度的影响。在问题“您在疫情期间对于哪些情况尤为关注?”的调查中，学生选择“国内舆情”“复工复产复学复课”“国外舆情”的人数占比差距较大，依次为89.26%、82.25%、64.36%，可见，大学生利用新媒体网络所关注的信息内容，基本是与他们现实生活密切相关的。学生对于内容呆板、陈旧老套的新闻往往不会主动关注。

(2)社会导向机制欠缺

思想政治教育的有效性需要国家、学校、互联网、新媒体等不同社会子系统共同发力，构建起惩恶扬善的社会导向机制，并且予以制度规范和监督，以保障公正化和有效性的实施。利用物质上的奖惩和精神上的褒贬对人们的道德行为进行引导，符合人们善恶有报的心理常情。学校的思想政治教育如果失去了教育环境的导向机制支持，将会变成难以令人信服的说教，同时也会影响到新媒体的功能性的发挥。通过调查发现，教育载体功能发挥不理想。在新媒体“轻传播”环境下，新媒体可以说是思想政治教育至关重要的载体，要充分发挥其独特的宣教功能。此外，笔者经过调查得知，学生在回答“觉得贵校官方平台还应该在哪些方面有所加强?”问题时，认为“形式新颖”需要进一步强化、“信息及时”发布需要加强的人数占比相对较大，依次为64.25%、61.20%；还有一部分学生提出，“平台互动”需要进一步强化，尤其是在学校官网和公众号中，支持这方面的学生人数占比为57.60%。新媒体具有强大的宣教功能，为做好新形势下的高校大学生思想政治教育提供了有利条件。然而在思想政治教育工作开展中，我们往往忽视这个有效载体。无论是信息更新不及时，还是内容陈旧方面的问题，在校园网站建设过程中都相对显著，这往往难以吸引学生的注意力，还会影响大学生与学校的双向互动，不利于大学生思想政治教育工作的有效开展。

2. 教育环境存在风险

(1)新媒体带来的管理风险

对于高校思想政治教育来讲，由于新媒体环境自身具备交互性、虚拟性的特点，存在着一定的风险，想要对其进行掌控存在一定的难度。笔者在调查过程中发现，在回答问题“高校大学生处于复杂新闻舆论环境中，您认为这会是影响思想政治教育的重要因素吗?”时，选择“同意”的学生人数占比相对较大，为52.36%，更有22.24%的学生选择“非常同意”。新媒体“轻传播”环境下，由于新媒体网络具有开放性、隐匿性等特点，大量不良信息散发于网络，这些不良信息会对大学生产生负面影响，也会对高校大学生思想政治教育造成重要的影响。可见，要做好新形势下高校大学生思想政治教育工作，需要高度重视新媒体“轻传播”给大学生思想政治教育环境造成的重大变化，不能忽视思想政治教育环境因素。

(2)法律和制度建设不完善

法律和制度在规范人的行为和协调社会生活秩序方面具有规约和引导作用，是规范和调节社会利益关系的主要依据，道德则起到一种补充和提升作用。思想政治教育需要有深度、温度、力度、强度，如果脱离实际，脱离环境，就必然会陷入窘境。当前无论在现实社会里还是在网络世界里，都存在一定的道德问题，出现了道德意识缺失、道德教育效力弱化等现象，这很大程度上和一些非道德因素的影响紧密相关。因此，针对大学生失德现象，高校大学生思想政治教育一方面需要坚持道德教育的导向作用，另一方面需要加强法制和制度建设，将道德建设与法制建设结合起来，使二者相互补充，互相促进，善用德治和法治，创制法制教育氛围，发挥出法制和制度的规范引领之效，以优化大学生思想政治教育的环境。

3. 教育管理存在不足

(1)新媒体缺少规范化管理

经过长期的实践与发展，传统教学管理体系不断优化与完善，现实教学环境面临的一系列问题也逐步得到解决。由于新媒体“轻传播”给高校大学生思想政治教育带来了重大影响，尽管众多院校努力尝试在新媒体“轻传播”环境下对大学生思想政治教育的工作实践进行大力改革，以适应新形势下这一工作的新变化新要求，然而，由于新媒体是媒介信息时代的产物，其发展历程较短，因此，关于如何有效将新媒体应用到高校大学生思想政治教育的问题，无论是理念、认识方面，还是具体工作开展方面，都存在着一定的不足。学校对网络教育和新媒体运营缺乏系统深入的认识，因此缺乏足够的管理经验，也没有形成一套成熟的管埋流程。

(2)缺乏对新媒体信息的选择能力

新媒体网络突破时空的限制，给高校思想政治教育工作提供了技术支持，带来了新机遇。但总体来看，思政教师对新媒体的应用还不够充分，未全面发挥出新媒体力量助推思想政治教育工作的优势，这在一定程度上制约了大学生对思想政治教育信息的接受效果。笔者经过调查发现，学校新媒体平台中的信息更新速度相对较慢，并且内容陈旧、单一，对此表达不满的学生占比相对较大，约为67.23%，提出平台内容需要及时更新的学生人数较多，占比为63.14%；56.23%的学生认为，互动需要进一步增强，这些都需要得到学校的高度重视。此外，针对教师运用新媒体方面，经过调查发现，一些学生认为，教师的应用情况良好，这类学生人数占比为47.32%。另外，一部分学生认为，在新媒体应用的认识方面，一些教师存在一定的不足之处，这类学生人数占比为17.24%，由此可见，要做好新媒体“轻传播”环境下大学生思想政治教育工作，思政教师和思想政治教育工作者都需要提升媒介素养，精通新媒体使用技巧，在教育教学工作中充分利用新媒体的功能与优势。

随着新媒体网络的快速发展与普及，大学生可以在网络里获得大量的信息资源，他们获取信息资源的能力也大大增强，但是由于网络信息错综复杂，大学生不能及时辨别信息的真伪，甚至出现上当受骗的不良现象。因此，为了全面了解这方面情况，掌握准确的数据信息，笔者在问卷调查里制定了相应的问题，学生在回答问题“学校全面提升思政课的教学水平，对您的三观及对网络事件的认识有影响吗?”时，选择“非常有帮助”“一般”“影响不大”的人数占比经过统计依次为46.26%、34.34%、19.40%。由此可见，无论是对于媒介的使用能力，还是对于信息的辨别能力，学生都有待提升。因此，为了进一步提升大学生对信息的辨别能力，防止上当受骗，高校思想政治教育工作者需要通过线上与线上细致讲解相关问题，让大学生有一定的信息筛选能力，让他们可以正确利用新媒体网络来获得有价值的信息资源，帮助他们快乐成长和全面发展。

(3)学校和思政教师对新媒体使用率不高

新事物成长及被人们认识与接受需要一个较长的过程，这是一个普遍规律。新媒体作为时代发展的新生事物，其在高校思政教育中发挥的巨大作用想被学校及思政教师认可与积极利用也需要一个较长的过程。经过深入调查发现，学校新媒体平台中的信息更新速度相对较慢，并且内容尤为陈旧、单一，对此表达不满的学生占比相对较大，约为67.23%，提出平台内容需要及时更新的学生人数较多，占比较大，主要为63.14%；56.23%的学生认为，互动需要进一步增强，这些都需要得到学校的重视。除此之外，针对教师运用新媒体方面，经过调查发现，一些学生认为，教师的应用情况良好，这些学生人数占比为 47.32%。另外一部分学生认为，在新媒体应用的认识方面，一些教师存在一定的不足之处，这类学生人数占比较小，主要为 17.24%。由此可知，总体上而言，高校思政课教师对新媒体的认识与应用方面存在不足，学校要有计划地安排思政教师进行媒介基础课程培训，提高其媒介素养与实际操作能力，使他们在今后的思政课教学中更加深入地利用新媒体的功能与优势，更加有效地提升大学生思想政治教育的效果与水平。

4.3.2　存在的主要问题

1. 新媒体“轻传播”环境下大学生思想、心理问题凸显(表 4.5)

表 4.5　新媒体对大学生心理健康的影响

项目	主要影响	影响度/%
常用新媒体	造成自我封闭和自我孤独	65.2
	造成人际交往障碍	62.5
	造成痴迷网络，影响学习动力	72.6
	造成自我认知失调	67.2
	造成就业心理恐慌	89.4

随着互联网技术的发展，新媒体应用不断渗透到人们的学习、生活当中，在使用新媒体的人群中，大学生人数众多，成为主要使用群体。因为大学生在使用新媒体的过程中，能够轻松地获取自己所关注的信息。改革开放 40 多年来，随着我国社会主义市场经济的快速发展，人们的利益观在市场经济中受到冲击。大学生的思想、心理及价值观还未定型，容易受周围环境的影响，特别是他们可以利用新媒体网络快速了解社会发展状况，这无形中给他们带来了学习、恋爱、就业等方面的压力，也给大学生思想政治教育增添了难度。

(1)新媒体“轻传播”环境下出现自我封闭和自我孤独

自我封闭一般表现为对社交活动参与积极性不高，把自己封闭在一个固定的生活和学习空间里。新媒体网络的快速发展，深刻影响着大学生的生活方式和学习方式，但是同时，其在一定程度上把大学生改造成了“低头族”，出现在新媒体网络里聊得异常激烈，而在现实社会交往中显得异常冷漠的尴尬局面。

根据本书问卷调查得知，有65.2%的大学生认为新媒体会对大学生产生自我封闭与孤独的影响。在新媒体“轻传播”环境下，由于网络具有开放性和隐匿性的特点，大学生借助新媒体网络能够快速参与到交流活动中，与经历相同的伙伴们在网络中无忧无虑地讲述自己的困惑与难处。但是，一旦脱离了虚拟世界，他们对于人际交往就会产生恐惧心理。大学生的精神结构是接受思想政治教育的精神条件。思想政治教育的内容能否有效被大学生群体接受和消化，一方面取决于思想政治教育内容本身，另一方面取决于大学生是否具备积极正向的精神风貌。当大学生出现自我封闭、社恐等精神问题时，科学内容很难成为其接受的对象。而社会所赋予大学生的社会属性不能在个体交往中得到发挥和释放，就对他们接受思想政治教育产生不同程度的制约作用。一些同学在面对同学之间的直接接触时尤为抵触、恐惧，这些学生的心理往往处于封闭状态，并对虚拟网络世界尤为向往、依赖。在现实生活中，一些信息资源是无法获取的，自我孤独者为了改变自己，往往会通过网络进行获取，而自身孤独感也在此种环境下不断强化。隐藏性是新媒体网络的显著特征，一些大学生在面对自身的“心灵创伤”时，往往会将目光集中于网络平台，从而达到修补创伤的目的。他们会将自身的困扰、负面情绪在网络平台中尽情发泄，而在发泄的过程中又是匿名的。因此，他们能通过此种方式释放自身的心理压力，然而，通过此种手段无法实现真正的解压。他们将自己参与社交活动的时间全部投入网络交流，长此以往，自身交际圈的范围不断缩小。处于此种环境下的大学生，对于人与人之间的情感尤为淡漠，无论是孤独感，还是自闭倾向，都呈现显著上升态势，因此，思想政治教育工作者要通过各种方式与学生沟通交流，多关心学生，多鼓励学生参与学校组织的各种线下活动，让学生的心灵充满阳光，坚信未来必有诗和远方。

(2)新媒体“轻传播”环境下出现自我认知失调

新媒体“轻传播”环境下，大学生在新媒体网络里可以获得大量自己喜爱的信息内容，也可以通过新媒体网络进行聊天、交友、购物及游戏。然而在精彩的虚拟网络世界里，部分大学生会逐渐迷失自己，严重的甚至会出现自我认知失调现象。自我认知(self-cognition)是指对于自身的理解、洞察，主要由自我批评和自我观察两个方面构成。这两个方面也存在一定的差异性，自我观察、自我评价分别是察觉、判断，前者包括自身意向、感知，后者则是自身的期望、人格特征。然而对于自我调节来讲，上述内容则是重要的组成部分。一般而言，人们自卑心理的产生也与自我认知有关，无法明确自身的优势所在，那么信心将会随之丧失。根据本次问卷调查可知，有 67.2%的大学生认为，新媒体会对大学生造成自我认知失调的影响。通过练习、强化能够起到培养大学生习惯、认知的作用。自我认知包含对自我的道德评价，这是行为自律的重要机制之一，只有经过自我的道德评价，才能认识到行为是否道德，才能把握行为的方向和角度。当前高校的思想政治教育在加强大学生道德意识教育方面还有待进一步提高，应在教学实践中有针对性地开展思想政治教育，不断启发大学生的道德意识，强化他们道德规范内化的自觉性，提高他们的自我道德评价能力，帮助大学生自觉自动地把握自主行为和外在规范的关系，在生活中塑造良好的道德形象。对此，菲斯汀格经过研究提出：“想要实现认识自身价值，较为有效的方法便是对比不同的能力，此时指的主要是自身与他人。”大学生处于新媒体“轻传播”的环境中，“自我陶冶”能力的提升尤为明显，无论是感性方面，还是理性方面，大学生的认识都呈现逐步上升态势，对无论网络里还是网络外发生的事情都容易作出随意评价。因此，根据新形势下高校思想政治教育目标要求，思想政治教育工作者必须高度重视大学生“自我认知失调”问题，要用雄厚的理论和真切的关怀教育学生，让他们成为一个对社会事件的发生具备一定理性思考和判断能力的人。

(3)新媒体“轻传播”环境下出现就业心理恐慌

就业是我国最大的民生问题，也是大学生历来所关注的问题。对于大学生来讲，将来步入社会后的就业问题在进入大学时便不断萦绕在学生脑海中，并且贯穿于学生的全部大学生活。近些年来，世界经济发展不景气给我国的经济发展带来众多不确定因素，也给我国的就业带来重大压力。大学生是新媒体网络的主要使用者，他们时刻关注我国就业的最新情况，这给他们带来了一定的就业恐慌。新媒体在传播海量信息的同时，并没有告诉大学生如何进行就业形势分析，如何提高职业道德修养和发展综合素质。这给高校思想政治教育提出了严峻挑战，同时也带来了很多机遇。思想政治教育一方面要积极肯定经济转型和新媒体时期大学生思想观念、价值取向发生的积极变化，承认追求正当利益的合理性，一方面也要认识到新媒体给大学生带来的负面影响，不能抛弃理想和信念，产生拜金主义和享乐主义思想。基于大学生对就业产生的心理压力，思想政治教育需要创新教育方法，利用大学生在就业压力下思想价值取向徘徊的特点，帮助他们权衡利弊，树立积极向上的独立人格，加强他们的自我价值意识，提高思想政治教育的效果。

因此，高校思想政治教育部门要高度重视大学生就业心理恐慌问题，通过线上和线下多种方式给大学生讲解最新就业情况，并安抚大学生就业恐慌的情绪。此外，高校要开设就业指导课程，给大学生们全面分析就业情况，消除他们的就业恐慌情绪。最后，高校就业处要积极组织校园招聘，让大学生目睹最新就业形势，及时消除负面情绪，以饱满的精神状态参与学校专业课的学习，以扎实的专业能力和强大的综合素质迎接社会就业。

2. 新媒体“轻传播”环境下教育者“权威性”及教育模式问题凸显(表4.6)

表4.6 新媒体“轻传播”对教育者的影响

项目	主要影响	影响度/%
常用新媒体	备课难度加大	88.2
	媒介素养不高	79.7
	教学模式及方法需要更新	95.6
	教师“权威性”日渐减弱	83.2

(1)教育者“权威性”日渐弱化

新媒体具有自由开放的特点，致使大学生通过新媒体网络获取信息的能力极大增强，改变了以往主要通过教师进行知识传授的教育模式，这在一定程度上弱化了教育者的“权威性”，由此可知，新媒体“轻传播”时代的到来，给高校思想政治教育带来了极大的挑战，也给思想政治教育者提出了更高的要求。通过笔者关于思想政治教育者对新媒体的态度及使用情况的问卷调查得知，思想政治教育者对新媒体在推进高校大学生思想政治教育工作中发挥的巨大作用是持肯定态度的，但同时也提出，新媒体给他们的工作带来的巨大困难与挑战，主要是由于新媒体具有海量性、开放性和即时性的特点，大量的知识内容可以通过新媒体网络获得，这就要求思想政治教育者自己要懂新媒体，要学会用新媒体查找信息资源，要通过新媒体平台不断提升自己的媒介素养和专业理论知识，要用厚重的理论说服学生，也要注重运用新媒体将思想政治教育内容有效“轻传播”给学生。此外，大学生由于年纪轻，是伴随新媒体时代成长起来的，更加适应新时代的发展，他们对于新媒体的使用具有得天独厚的优势，能更加熟练地使用新媒体查找信息资源，原来很多知识和有价值信息只能通过教育者传达的固有模式被打破，出现教师在课堂所讲的内容学生早已获知，甚至教育者没讲的也了解的尴尬局面，这严重影响了教育者的形象，弱化了教育者的“权威性”。

(2)传统大学生思想政治教育“重传播”模式问题凸显

在新媒体“轻传播”环境下，思想政治理论课依然发挥着高校大学生思想政治教育的主渠道作用，其立德树人、铸魂育人的关键课程、核心地位不能动摇。然而，进入具有数据化、可视化、开放性、即时性与交互性特点的新媒体“轻传播”时代，传统的思想政治教育环境已发生重大改变，大学生思想政治教育的实效性问题日益凸显，其主要原因是传统思想政治教育形式主要是面对的课堂教学、专题讲座及一对一的沟通交流等，这种方式是在一种平静、祥和、轻松的气氛中开展的，可以让学生感受到教师的关怀，充分体现了传统思想政治教育理论灌输、行为引导和情感关怀的巨大作用与魅力。然而，新媒体“轻传播”时代的到来，改变了思想政治教育的环境，一定程度上弱化了传统思想政治教育的效果。新媒体的自由性、开放性特点，使大学生们可以利用新媒体网络获得大量的信息资源，同时众多不良信息也进入大学生的视野，深刻影响着大学生的思想观念、心理健康、价值观及品德塑造，严重影响了传统思想政治教育的直接教育、反复灌输的“重传播”教育，促使新媒体“轻传播”环境下大学生思想政治教育的有效性问题日益突出，成为党和政府及高校需要高度关注并必须解决的实际问题。

4.3.3　大学生思想政治教育有效性不高的原因分析

做好新形势下高校大学生思想政治教育工作，是事关国家前途和民族命运的战略工程，因此要高度重视高校大学生思想政治教育工作，对存在的问题作深入剖析，探究其发生的原因。依托数字技术发展的新媒体“轻传播”时代的到来，给大学生思想政治教育工作带来了重大机遇与挑战。为此，要在调查的基础上全面分析新媒体“轻传播”环境下大学生思想政治教育有效性不高、实效性不强的原因，并对影响新媒体“轻传播”环境下高校大学生思想政治教育有效性的因素作全面分析，为探寻解决问题的良策提供一定的理论与数据支持。

1. 教育者媒介素养有待提升

百年大计，教育为本。而教育的发展，关键在教师。习近平总书记指出：“教师是人类灵魂的工程师，承担着神圣的使命。”新时代的思政课教师，肩负着传播科学理论、弘扬正确价值观的使命和培养堪当民族复兴大任的传承者和接班人的任务，可以说，责任重大，使命光荣。然而，在新媒体“轻传播”时代背景之下，信息犹如爆炸般跃入人们眼帘，由于共享性、开放性、隐匿性是网络信息的鲜明特征，且网络、新媒体的主要使用者又是大学生，他们占据了一定的网络话语权，因此教师的话语权威受到了极大的挑战。此外，还有一些教育者教育理念落后，依旧沉浸在传统的教学世界里，对新理念、新技术具有一定抵触心理，未能做到与时俱进，不能主动去适应新的教育环境的变化。可见，专业思想政治教育人才缺乏、媒介素养欠缺以及职业素养较差等问题，降低了思想政治教育的质量，不利于思想政治教育工作的顺利进行。专业人才的培养工作滞后，导致各个教育环节以及流程之间不能顺利衔接，这严重影响了新媒体“轻传播”环境下大学生思想政治教育的实效性。所以，要想上好思政课，一方面，思政课教师要积极学习理论知识，全面提高知识储备，拥护党的教育方针，提高师德修养，将“为学生成长发展服务”作为教育宗旨；另一方面，思政课教师要主动融入新媒体“轻传播”时代，更新教育理念，努力学习新媒体基础理论知识，创新教学方法，为做好新形势下高校思想政治教育工作而不竭奋斗。

2. 大学生的综合媒介素质参差不齐

大学生媒介素养是指对各种媒介信息的解读和批判能力以及使用媒介信息为个人生活、社会发展所用的能力，包括大学生正确认识媒介、理解媒介、使用媒介等内容，我国媒介素养教育起步较晚，并且理论探讨多而实践少，这与媒介日益彰显的影响力形成鲜明反差。长期以来，中国大众媒介在一定程度上存在呆板的、宣传色彩浓厚的教化模式，让受众对媒介传递的信息丧失了基本的警觉性。很多大学生是很好的接受者，但却不是很好的分析者、判断者和批判者；并且由于媒介素养教育的滞后，大学生的媒介素养多是自发养成，还未达到理性的自觉层面，因而呈现出一种不平衡状态。学生的受教育水平受多种因素的影响，由于每个学生的专业背景、学习兴趣、知识储备等差异，其媒介素养和运用能力不尽相同，也影响着其在新媒体“轻传播”环境下对思想政治教育信息内容的接受程度。为此，思想政治教育者要从多方面入手，针对不同特点的学生开展有针对性的新媒体网络教学，并在学校层次开设新媒介基础理论课，以提高大学生的媒介素养，为全面提升新形势下大学生思想政治教育有效性提供重要条件。

3. 教育内容滞后

科学、合理的思想政治教学内容是做好新媒体“轻传播”环境下大学生思想政治教育工作的重要前提。高校的思想政治教育工作要求教育工作者把握时代发展趋势和大学生的成长特点，用契合相关教育阵地具体特点、符合大学生接受习惯的话语实现价值传递和思想引导。但传统的思想政治教育内容有其自身的根植土壤、传播方式、适用范围，已经不能完全适应网络时代的形势变化和当代大学生的认知特点。并且新媒体“轻传播”环境下的思想政治教育，并不是传统思想政治教育内容的机械移植，而应该是在信息技术革命的时代背景下，准确把握传统思想政治教育的精神内核并加以包装，准确把握网络平台的生态特点并加以吸收转化，准确把握大学生兴趣、不足和个性化设计，从而形成一种既接地气，有质量，满足大学生成长需要，又符合社会主义核心价值观的全新观念教育模式。因此，针对当前思想政治教育内容滞后问题，思政教师要主动适应新媒体“轻传播”时代，积极转变和改革，注重以新媒体为基础阵地，整合线上和线下优质资源，丰富思想政治教育内容。利用新媒体网络手段和方法，进行价值传递和思想引导，体现中国特色社会主义新时代意识形态，最大程度地凝聚社会共识，助力形成良好社会风尚，为进一步做好新形势下高校大学生思想政治教育工作提供有利条件。

4. 教育方式传统

针对新媒体“轻传播”环境下大学生思想政治教育有效性目标，首先需要确保采取正确的教育方式。当前思政教学模式亟待创新，主要表现在一部分教师仍然采取传统模式下的教育引导方式，没有积极运用当前新媒体环境下的网络信息化技术展开思想政治教育，也未能丰富课堂表现形式，没有达到师生教育所应取得的成效。思政课教学课堂，不是老师的“独角戏、一言堂”，也不是学生坐在后面被动地听课，而是要让学生主动参与到课堂教学中，因为他们既是接受者，更是参与者。因此，教育主体需要采用合适的教学模式，营造良好的教学氛围，把学生当作课堂教学的主体，时刻关注学生，促进大学生多元化发展。然而，时代车轮迈入新媒体“轻传播”时代，传统课堂教学的缺点和弊端暴露无遗。发生在大教室里的传统思政课教学，往往是教师在讲台上讲解，学生在座位上听课。在教学过程中，师生间的地位并不平等，教师占据主导地位，学生则是参与地位，灌输式教学是教学形式的完整呈现。教师灌输知识，学生则主要是听众，师生间缺乏互动，学生兴致亦不高，出现教师疯狂讲解唱“独角戏”，而学生默默听讲当“低头族”或打瞌睡的现象。尽管当今高校思政课教学已有相关改革，但教学方式仍显单调，远远不能满足学生的诉求。因此，思考新媒体环境下如何提高思政课的教学效果，或者如何创新教学方式，刻不容缓。

5. 新媒体网络环境监管不足

新媒体的快速发展及广泛使用，深刻改变了高校大学生思想政治教育环境，因此，众多高校开始尝试利用新媒体助推思想政治教育教学。然而教学的进度与有效性不强，主要原因是一方面，目前学校新媒体管理中心的教师队伍不强，通常都是由校内的学生会成员和学生干部担任有关职务，只是完成日常的网络信息发布工作，未对信息发布后的情况采取动态监管。另一方面，由于众多高校未设专门的经费来购买网络舆论信息监控软件，大量的不良信息流入，严重影响着大学生的思想观念和身心健康。此外，在有关平台的操作运行过程中，缺少专业的教师指导，未形成强大的新媒体团队，所发布的思想政治教育信息内容缺乏关注度和吸引力，无法为大学生提供一个良好的新媒体校园氛围和环境。危害网络安全和社会稳定的不仅仅是计算机病毒，更是网络不良信息对大学生的影响，其中人工监管是不可缺少的环节。在网络空间存在多主体的情况下，高校网络监管工作很多时候只是做到了形式上的统一，而人工监管的协同性并不高。因此，高校应进一步明确网络监管主体，加强网络监管的人员培训，提高高校各部门之间的协同工作能力，除了依靠国家政策以及相关法律法规，更要在新媒体环境下研究出具体有效的可行性方案和策略，制定符合学校实际的相关规定，加强校园网络环境监管效果。

4.4　新媒体“轻传播”环境下大学生思想政治教育有效传播相关要素分析

新媒体“轻传播”环境下，大学生思想政治教育活动是一种特殊的传播活动，即思想政治教育者借用一定的教育载体向大学生传递教育信息内容，以达到教育者设定的教育目标。在思想政治教育活动中，思想政治教育者和大学生分别担任思教育传播者和受众的角色，其符合传播学中关于传播的核心要义。青年兴，则国家兴；青年强，则国家强。青年大学生是中国未来社会发展的主要建设者和接班人，其教育情况，特别是思想政治教育状况，直接关系到中华民族伟大复兴的宏伟目标能否顺利实现的重大问题。过去是人找信息，而现在是信息找人，在新媒体“轻传播”时代，各种错综复杂的信息对大学生思想政治教育的有效性造成了潜在性的巨大威胁。要想在这复杂多变的新媒体“轻传播”环境下实现高校大学生思想政治教育目标，需要全面分析大学生思想政治教育有效传播的相关要素，为不断提升大学生思想政治教育有效性提供相关理论与实践参考。

新媒体“轻传播”环境下，大学生思想政治教育有效性主要是指传播起始得力、传播过程顺利、传播内容真实及传播效果显著几个方面。因此，在新媒体“轻传播”环境下，可将大学生思想政治教育有效性归纳为四大部分，即传播起始有效性、传播过程有效性、传播结果有效性及实时反馈有效性。在四大传播环节中，首先应该关注传播结果是否有效，观察传播内容是否对大学生构成了吸引力，大学生是否认可并有效接受思想政治教育内容。若大学生有效接受思想政治教育信息内容，则其实时反馈的结果是有效的，预期目标得以实现。也恰恰说明整个过程中其传播内容真实，各个传播要素运行合理，传播渠道通畅有效。若大学生对接受的思想政治教育信息不感兴趣，甚至有抵触心理，这就说明思想政治教育传播结果未达到活动预期目标。因此，要通过及时反馈系统对传播结果进行即时跟踪反馈。实施反馈符合现代传播理念，即对于传播活动及时和即时地进行多维度跟踪，把握最新内容传播动态，并在第一时间做出相应反馈。精确性是思想政治教育传播的新时代要求，借助新媒体和大数据技术平台，通过对传播内容的实时监测、内容要素之间的联动比较以及内容动态的分析，实现新媒体“轻传播”环境下大学生思想政治教育的精准、有效传播。因此，要实现大学生思想政治教育传播活动的有效性，思想政治教育者需要积极与大学生进行即时互动，查看实时反馈结果，不断改善传播内容，调整传播要素，关注传播渠道，直到让学生满意接受为止。

4.4.1 传播起始的有效性

在整个新媒体“轻传播”环境下的大学生思想政治教育传播活动中，传播起始的有效性是确保思想政治教育传播有效性的重要前提。传播起始阶段的有效性要素有传播者、传播内容、传播媒介等，构成了传播起始阶段的各个部分，其功能发挥的程度直接影响着整个思想政治教育传播活动的有效性，最终也关系到新媒体“轻传播”环境下大学生思想政治教育有效性问题。因此，需要细致分析传播起始有效性的关联要素，全面掌握各个传播要素之间的关系，促进传播起始阶段各个要素功能的最大限度发挥，为整个思想政治教育传播活动的有效性提供基础条件。

1. 传播者

传播者即为传者，是整个思想政治教育传播活动的发起者、组织者，起着主导作用。当前，高校承担着做好新形势下大学生思想政治教育工作的重任，为了更好地履行使命，高质量完成工作，高校思想政治教育工作者作为新媒体“轻传播”环境下大学生思想政治教育的主要传播者，必须具备深厚的理论知识和良好的媒介素养，能够根据新时代大学生成长的特点和思想政治教育发展的需求，并充分利用新媒体的传播优势来开展针对性强、实效性高的思想政治教育传播活动，引导大学生树立正确的“三观”，争做新时代中国特色社会主义发展的优秀建设者和贡献者。关于如何做好新形势下高校思想政治教育工作，习近平总书记提出：“办好思想政治理论课关键在教师，关键在发挥教师的积极性、主动性、创造性。”可见，在大学生思想政治教育工作中，思政课教师始终承担着主要角色，起着主导作用。然而，要全面做好新媒体“轻传播”环境下的大学生思想政治教育工作，不仅要加强思政课教师的队伍建设，而且也要加强高校各级党组织和辅导员队伍的建设，努力将他们培育成为名副其实的高校思想政治教育工作者，高效率做好大学生思想政治教育工作，努力成为大学生心目中为学、为人的楷模。要做好新媒体“轻传播”环境下的大学生思想政治教育工作，思想政治教育工作者必须旗帜鲜明地将政治标准放在首位，坚定自身正确的政治方向、政治信仰，同时要对马克思主义做到真学、真新、笃行，才能教育出拥护中国共产党领导以及践行中国特色社会主义的全面人才。习近平总书记指出：“思想政治工作从根本上说是做人的工作，必须围绕学生、关照学生、服务学生，不断提高学生思想水平、政治觉悟、道德品质、文化素养，让学生成为德才兼备、全面发展的人才。”因此，做好“人”的思想工作，必须要有主动担当精神，并且敢于创新。思政教师不仅要有扎实的专业能力，还要有高尚的人格、宽广的胸怀，更要不断积累满足大学生发展需要的新知识、新技能，只有这样才能做好大学生的引领者、教育者和筑梦者。首先，思政教师要充分落实党的教育政策，把习近平新时代中国特色社会主义思想运用到实践中去，要从单一地注重教学转向全方位教育，坚持立德树人的方针，密切关注学生的思想转变和个性发展情况，充分利用好线上和线下课堂教学，把“知识传授”和“价值引领”有机结合起来，做好大学生思想的引路人工作；其次，高校各级党组织要加强思想建设、政治建设、作风建设和组织建设，要深入学习习近平新时代中国特色社会主义思想，全面贯彻习近平总书记关于高校大学生思想政治教育的重要讲话精神，要根据新形势下大学生思想政治教育环境发生重大变化的实际，努力学习新媒体基础知识，注重利用新媒体的优势开展大学生党组织活动，确保各级党组织在育人工作中发挥战斗堡垒作用；最后，高校辅导员作为大学生思想、学习和生活的守护者，必须全面贯彻党的教育方针，自觉加强政治理论学习，增强育人本领。此外，高校辅导员也要加强新媒体基础理论学习，提升媒介素养，充分利用新媒体“轻传播”的优势开展工作，及时关注大学生思想、学习和生活的新情况，为大学生成长成才保驾护航。

2. 传播内容

新媒体“轻传播”环境下，要做好大学生思想政治教育工作，思想政治教育工作者不仅要充分利用新媒体的功能与优势，对信息内容实现“轻传播”，而且要高度重视对传播内容的打造，使内容更具有吸引力，更符合大学生成长的特点和全面发展的需求，从而形成“轻传播”与“重内容”兼具的思想政治教育格局。高校思想政治教育传播内容有两种不同的存在形式，一方面是作为实践形态存在的思想政治教育工作；另一方面是以科学化、系统化、学术化形式存在的马克思主义理论学科中的思想政治教育学。这两类传播内容虽然有形态上的差异，但在内容上却具有同构性。思想政治教育传播内容是随着我国不同历史时期的发展变化而不断丰富的，实践中的思想政治教育内容是教育主体根据思想政治教育的指导思想、政治意图等逐步构建出来的，可以说，思想政治教育传播内容具有很强的时代性。高校思想政治教育工作者作为传播思想政治教育内容的主体，需要对传播内容的质量负责，既要把党和国家思想政治教育的方针和要求灌输到传播内容里，也要根据大学生的喜好和个性化发展特点，有针对性地添加思想政治教育内容，促使思想政治教育传播内容深受大学生喜爱，教育者与学生可以通过传播的内容信息进行频繁互动与交流，引导大学生树立正确的道德观与价值观，从而进一步提升大学生思想政治教育的有效性。

3. 传播媒介

传播媒介是一种传播渠道和传播工具，是传播内容的载体。它包括两个方面含义：第一个方面主要是指传播信息的载体，一般有电视、报纸、电话和互联网等媒体；第二个方面主要是指对传播信息内容进行制作和传播的相关组织和机构，一般有电视台、广播电台和报社。美国学者施拉姆说：“媒体是一种工具，它可以在传播的进程中扩展和扩展信息。”从信息传播的视角来看，移动传媒是大学生接触最多、受教育影响最大的新型媒介。目前，在我国大学生中，智能手机已成为他们日常生活中不可或缺的一部分，几乎人人都有一部手机。在此次调查中，98.4%的学生都在使用移动电话。可见，以手机为传播媒介进行日常的社交与学习，已成为大学生活的重要内容。要做好新形势下大学生思想政治教育，有力促进思想政治教育的有效性，思想政治教育工作者需要根据工作的实际需要科学合理地选择恰当的传播媒介。一方面，要继续发挥电视、广播、报纸等传统媒介传播作用进行直接传播，加大宣传的广度，有力构成“重传播”思想政治教育格局；另一方面，要根据新媒体发展的新情况，深度利用新媒体“轻传播”的优势，努力实现数据化、智能化、即时化和可视化传播，激发大学生对思想政治教育内容的兴趣，努力提升大学生思想政治教育的有效性。在当代大学生思想政治教育中，传统媒介依然占据主要地位，但新媒介的出现，又要求高校能够积极应变，适应网络化和信息化时代下高校思想政治教育出现的新变化。新媒介环境下，平等交流和主动参与的传播模式让大学生成为传播主体，并且提高了他们的思维活跃度和自主创新性；新媒介的实时性和开放性让大学生可以真实地展示个性，拉近了受众和事件的距离；网络的跨时空性和虚拟性对处在人格养成期的大学生具有强烈吸引力，这些因素让大学生消除了心理互动的障碍，他们愿意更积极地发表意见，展示个性。在新媒介“轻传播”环境下，高校思想政治教育内容更加丰富，既促进了教师传播信息的丰富性，也促进了学生接受知识的丰富性；新媒介与思想政治教育以及课堂教学、实践、校园文化建设等的结合促进了高校思想政治教育载体的变革，让高校主动占领网络思想政治教育的新阵地。此外，在新媒介时代，“信息找人”，从理论上说，其传播主体并不是完全固定的，师生之间互为传播主体，彼此之间进行双向互动，打破了传统教学的单一传播主体和单向传播的窠臼，它使学生与学生的感情更加紧密，更能促进学生的情感沟通，从而极大地增强了思想政治教育的传播效果，有力促进了新媒体“轻传播”环境下大学生思想政治教育的有效性。

4.4.2　传播过程的有效性

在整个新媒体“轻传播”环境下的大学生思想政治教育传播活动中，传播过程的有效性是影响其整个教育活动有效性的重要影响因素。郭庆光认为，沟通是指社会信息系统运作的一种方式。社交沟通是一种反映某种社会关系的交流活动。传播不仅仅是一个程序，更是一个体系。人类社会中的信息交流是一个具备一定显著性特征的过程，且是一个整体呈系统化的过程。传播是一种动态而又复杂的过程。作为一种系统的人的行为，它的系统性表现在：传播是一个系统的、由各个因素组成的系统，通过各个因素的相互作用，实现了信息的传递与分享。每一个环节的效率都很高，任何一个环节的失误，都会影响到整个信息的传递。从传播控制角度来看，高校思想政治教育应以目标为最终导向，借鉴成功经验，结合教育内容，锻造过硬的思想政治教育传播的“把关人”。一方面，齐抓共管，打造大学生思想政治教育工作把关人队伍。充分调动各方合力，文化宣传工作者和管理者、网络思想政治教育者以及其他教育工作者、政府相关机构管理人员、社区管理工作者等都是思想政治教育宣传的重要参与者和助手，要发挥他们在网络虚拟和现实生活中传播信息的导向及把关作用，营造出风清气正的网络传播空间。另一方面，变革大学生思想政治教育的把关方式。思想政治教育工作者要用好新媒体，做到与大学生平等地互动交流，给予学生有效指导，在有效沟通中实现桥梁、教育等功能。传播的过程模式，以图像的形式来描绘事物，“是对现实世界的理论和简单性的一种表现”。其着眼于传播的本体，即传播活动本身，通过细致观察传播现象和传播活动，描述其中的关键要素、环节及这些要素之间相互变量的关系。这一过程旨在把握传播的基本结构与过程，以具体而清晰的方式对传播现实进行完整且进入的呈现。西方传播学传播模式的发展历程大致分为三个时期：直线单向模式、双向循环模式、大众传播系统模式。上述方式是建立在对各种因素和因素之间的认识基础上的，因此在不同的沟通环境下，要采用不同的沟通方式，不能说哪种模式是最优的或者最有效果的。加之，随着科学技术的日新月异，现代社会媒介融合度大大加强，借助多种传播媒介，使用多种传播方式，利用不同的模式，有利于进一步提升现阶段的传播效果。尤其要加强和丰富大学生思想政治教育内容的网络传播形式，用好网络平台以促进信息传播，加强内容建设，以社会主义核心价值体系筑牢网络防线，用社会主义荣辱观引领风尚，增强大学生文化自信。利用网络媒介开发优秀的文化资源，如历史纪录片，以文体娱乐、学习、游戏等方式，寓教于乐，创新教育新形式，激发学生学习的兴趣，推动知识传播。基于网络形式对大学生进行思想政治教育时，要围绕学生全面发展需要，为其提供具有理论价值、美学价值、经济价值等的多样化信息服务，并对大学生群体做一定的合理区分，贴近学生、贴近实际，更好地满足其个性化、多层次的不同期待和需求，坚守舆论阵地，以社会主义核心价值体系贯穿教育全过程，增强其影响力。网络语言具有形象性、地域性、变异性等特征，为网络信息内容的表达和传播提供了方便，思想政治教育者要善于运用网络语言与大学生进行沟通交流，创造被大学生普遍接受的象征性网络信息符号，让社会主义核心价值观在大学生队伍中得到广泛传播。大学生对传播过程模式的接受能帮助他们形成正确的媒介使用观，找到合适的思想表达渠道和表达方式，成为主流价值的信息传递者，从而提高思想政治教育的实效性。

在传播模式上，学术界把传播模式划分为上述三种不同的传播模式。传统思想政治教育的交流方式主要是“灌输”，常常处于一个相对封闭的空间，信息来源、传播渠道等多方面都显现出了单一化的特点，最初，这种方式的实践效果非常好。然而，随着社会环境的日趋开放和信息网络的发展，受教育者的主体意识提高，单向型传播模式便暴露出其固有的弊端，难以在复杂的环境下进行有效宣传。但我们也不能完全否认它的存在。只有通过这种方式，人类才能将前人的知识和经验传承下去，反馈等互动方式才能在此基础上更加顺畅地进行。然而，传播方式因具体情境、内容、媒介及对象的不同而各具特征，适用于多样化的传播环境。并且，由于大学生的表达技能、学习态度、先前知识和经验、家庭背景、社会背景等方面存在差异，他们对思想政治教育的传播效果也相应地表现出较大差异。所以，仅仅否认某些沟通方式的无效性，并试图建立一种长期稳定不变的沟通方式，既不符合客观实际，又无法有效解决高校思想政治教育的传播效果问题。我们可依据传播系统的不同类别，以传播模式理论为参照，构建有效信息传播模式，通过考察和思考这些传播过程模式的要素构成等多方面信息内容，总结和把握规律，探索有效传播的科学机制。一方面，高校在“两课”教育时，占领对大学生进行系统思想政治教育的主渠道和主要阵地，充分利用“两课”培养大学生的思想素养，利用思想政治理论课中马克思主义的理论、方法和观点提高大学生对社会主义核心价值观的认知能力、解读能力和批判能力；另一方面，加强大学生自我教育，他们的主动行动与自觉性发挥的程度将直接关系到大学生思想政治素养教育的实效性，因此，如何让大学生主动意识到他们思想政治素养的缺失，并能将这种意识内化为自己的品质，树立远大志向和正确的价值观，养成良好高尚的品德，促进高校大学生的全面发展，是做好新媒体“轻传播”环境下大学生思想政治教育工作，不断提升思想政治教育有效性的时代要求。

4.4.3　传播结果的有效性

新媒体“轻传播”环境下，大学生思想政治教育活动是一种特殊的传播活动，与传播学的传播有内在的契合性。实践是检验真理的唯一标准，理论需要在具体实践活动中来验证、判断是否达到制定的目标要求。大学生思想政治教育传播活动，是一个有组织、有计划、有目的的教育活动，教育的有效性是整个教育传播活动的最终目的。传播效果的问题涉及多个方面的因素，结果是否有效绝非几个数据或个别现象就能体现的，它是一个较为复杂的问题。我们应该全面、综合地看待这一问题。郭庆光认为，所谓的影响，就是人们的行动所带来的效果。从狭义上说，传播行为在满足受众的需求和传达意图方面，可以通过观众的反应态度来推测，从而达到一定的目的。本书着重讨论了在传播活动中产生的个人价值。从广义上说，它所带来的客观结果，包括积极的结果以及对别人和周边社会的影响。沈壮海的观点是：“效果”与“结果的效力”是不同的。前者指实际结局，更多的是一种事实判断，它有可能是好的，起积极作用，也可能是坏的，起消极作用；而后者则是建立在一种对结果的判断之上，进而对其作出某种价值判断。因此，前者的含义与外延要比后者大得多。本书在此引用了沈壮海的解释，在传播效应的含义上则引用了郭庆光的界定。所以，对高校思想政治教育的传播效应，有以下几点认识：

第一，大学思想政治教育的环境培育还不够完善。环境是制约高校思想政治教育活动传播效应的重要因素。从外部环境看，世界局势是否缓和、国家是否兴旺发达、社会道德是否高尚，都会对政治教育的传播效应产生重要影响；从校园环境看，思想政治教育的领导者、组织者都能创设、营造、改变教育环境，因势利导地利用环境因素，发挥环境育人的正效应，抑制和改造不利的环境条件，因此其同样是关系到思想政治教育传播效应和大学生成长的重要因素。教育工作者只有有效利用新媒体，基于媒体和舆论效应最大程度地创造出合乎教育目的的优良教育环境系统，才能获得良好的传播效应，取得教育的成功。张晓波对影响思想政治教育传播效果的环境因素进行了具体分析，认为环境对思想教育传播的效果有重要影响，并且思想政治教育传播与环境之间经常发生一些矛盾。当前高校思想政治教育的环境建设有待加强，这就要求高校协调整个思想政治教育活动与教育环境的关系，协调思想政治教育与家庭、学校和社会教育的关系，让他们形成合力，以增强思想政治教育的整体传播效应。

第二，思想政治教育的传播效应与能否满足大学生各种需求有直接关系。从受众角度观之，它是指在大学生群体中，为了满足个体需求而进行的交流。传播活动对大学生思想行为的影响，可以说是其传播效果最直观的反映，是对学生各种需求的满足程度的体现，也是个体价值的实现。如果传播效果好，那么学生就会对内容产生一种共鸣感，这就是个人需求的具体表现，也是个人价值实现的基本所在。学生的感悟、思考、理解、回应，正是高校思想政治教育成效的生动写照，具体体现为思政教学内容的深化、认知水平的提升、传统观念的革新，以及个人综合素质和能力的全面提升。只有被大学生认同、选择、接受、践行了的信息传播才是有效的思想政治教育传播，对教育交流的期望并没有落空，实现了从“应然”到“真实”的价值，这就是一种有效的“传播”。一种低效的思想政治教育，无论其应有的价值多么崇高，如果没有得到广大人民的普遍认可和支持，无法使人们个性的需求得到满足，就不能体现出其应有的价值，那么，思想政治教育就会丧失其传播的效力，也就无法有效地传播。

第三，传播效应与思想政治教育的教学方法有直接关系。高校思想政治教育的教学方法是陈旧、单调、落后，还是新颖、多样、科学，所得到的思想政治教育传播效应截然不同。从传播者角度来看，教育方法是传导思想政治教育内容并使之产生影响的手段、形式，形式为内容服务，科学、先进的思想内容需要用尽可能丰富、生动的形式和方法去传播，才能产生积极作用，新媒体的出现为思想政治教育教学方法的多样化提供了条件。倘若进行了教育传播，并在很大程度上引起了大学生在思想、情感、实践等方面的积极表现，那在符合社会需要的思想品德和行为准则的情况下，沟通的效果是明显的。比如，家长们劝说孩子不要沉溺于网络，转而全身心投入学习时，他们常常会采用情感劝导和说服等方法。在此，传播效应是指家长的主观意愿在孩子身上得以实现。所以，在传播者的视角下，思想政治教育的传播是一种自觉的、有目的的实现过程。大学生是否愿意接收信息，是影响其传播效果的一个关键因素，如果他们的反应与传播对象的目的具有高度的一致性，那么他们的传播效果就会更加显著，传播的行为也会更加有效。

第四，传播效应的有效性要处理好继承与创新的关系。马克思主义的思想政治教育，作为高校乃至全社会的优良传统和真正优势，其整体教育过程应该具备正面的影响特性。这一特性，关键在于其宏观的沟通效应和其产生的深远社会价值。高校思想政治教育的传播，其社会价值的实现，主要看它能否对主流意识形态、核心价值观进行有效宣传，能否在继承的基础上创新。从社会价值的角度来看，它的实现主要取决于是否能有效地传达和传播主流思想、核心价值观，并对凝聚社会精神、提高社会认同、社会动员起到积极的作用。情况不断变化，但真正优势不能丢，必须持续坚持和大力发扬思想政治教育，同时创新和发展思想政治教育的途径和方法。马克思认为，社会发展与个人发展息息相关，在一定程度上，其方向是一致的，因此个人与社会的价值是一个有机的、辩证的整体。在社会中，个人内化程度的高低直接影响和决定着整个社会的道德水准，个人的发展状况和文明程度也在很大程度上促进了社会的发展。由此，我们可以看出，个体价值的实现和社会价值的实现同等重要，均不容忽视，其中既有传统方法的推陈出新，又有新时期创造出的现代方法。

4.4.4 实时反馈的有效性

大学生的接纳程度决定了思想政治教育能否获得有效反馈。在整个新媒体“轻传播”环境下的思想政治教育传播活动中，要确保思想政治教育的有效性，就必须对其教育结果进行及时反馈，并根据反馈结果对后面的思想政治教育活动进行调整与完善，这是整个大学生思想政治教育传播系统运行中不可缺少的重要环节。思想政治教育信息的即时反馈就是在信息传递的过程中得以体现的，传播方与接收方的实时互动反馈，既包括传播方的处理，也包括接收方的反馈。而对于整个思想政治教育的传播能否实现，终极目标是满足大学生成长的需求，实现他们的自我价值，并使他们有效接受思想政治教育的信息内容。因此，大学生思想政治教育能否取得良好的效果，与大学生对其教育内容的接受度有着密切关系。大学生作为思想政治教育传播活动中的“受众”，其对媒体传播信息的接受是有选择的，符合自身价值观的信息会被接受，而与自身价值观不相符的则会被拒绝。在新媒体“轻传播”时代，受众选择的行为表现在选择什么样的媒体和接受什么样的信息方面。大学生可以利用新媒体网络获取大量的信息资源，并根据自己的需要从中挑选出符合喜好的内容。总之，在新媒体“轻传播”环境里，大学生并非和以往一样只能全盘、被动地接收信息，而是有选择地接收信息。因此，要做好新形势下大学生思想政治教育工作，并确保思想政治教育信息内容被有效接受，教育者要以学生为主体，传播既符合党和国家对青年大学生思想政治教育的要求，又能引起大学生共鸣，满足大学生个性化发展需要的信息内容。新媒体“轻传播”环境下的大学生思想政治教育传播，从根本上来说就是研究如何更有效地传播思想政治教育的信息内容，所有的交流实践活动都要以接收信息的受众为主体，充分发挥新媒体可视化、实时感知性的特点与优势。在整个思想政治教育传播活动中，大学生作为受众，与传播者双向互动。通过观察大学生的表情、听取他们的评价等多方面反馈，我们可以准确评估其是否真正接受了思想政治教育信息内容。基于这些反馈结果，我们能够及时对传播内容和方法进行必要的调整，从而确保整个思想政治教育传播系统的有效运行。

第 5 章

新媒体“轻传播”与大学生思想政治教育有效性之间的内在联系

数字技术的快速发展，改变了整个传播格局，也改变了信息传播方式，传统传播的“重”被数字传播的“轻”替换，一种全新的“数字传播”方式出现在我们面前。当今，所有领域都在走向数字化，传播方式也越来越趋向轻微化，现代社会为人们打开了“新媒体‘轻传播’时代”的天窗。高校具有强大的教师人才队伍和丰富的教学数据资源，具有为社会培养输送大批人才的多种优势。大学生成为广泛应用新媒体的社会群体，QQ、微信、微博、短视频等多种形式的新媒体，成为大学生获取信息与知识的主要便利平台，促进了大学生思想观念、生活和学习方式的迅猛改变，为大学生开展思想政治教育带来了重大影响。面对新媒体“轻传播”凶猛的发展态势，党和政府审时度势，提出要利用好互联网、新媒体技术，发挥好新媒体“轻传播”的优势，做好思想政治教育宣传工作，抢占网络主阵地，进一步提高大学生思想政治教育育人化人的成效，这是顺应时代发展的必然需要，也是时代为我们提出的新课题。特别是面对“00 后”大学生，如何利用新媒体网络技术作为思想政治教育的有力辅助手段，实现低成本、高效率的“轻传播”模式，从而不断提升思想政治教育的有效性，成了我们必须面对和解决的重要课题。

5.1 新媒体“轻传播”环境下大学生思想政治教育有效性的必要性分析

社会发展中，经济基础与上层建筑二者缺一不可，这种双轮驱动模式，是推动社会发展的力量支撑，需要我们实现精神文明建设与社会经济发展的深度相融。习近平总书记指出：“我们要加快推动媒体融合发展，使主流媒体具有强大传播力、引导力、影响力、公信力，形成网上网下同心圆，让正能量更强劲、主旋律更高昂。”新媒体“轻传播”时代的到来，使思想政治教育环境更加复杂，为此，必须充分利用新媒体助推思想政治教育工作，抢占新媒体网络舆论的主阵地，这是获取权威话语权的基本保障，事关我国制度机制建设与意识形态的主导方向。此外，必须提高思想政治教育水平，以创新教育内容、改进工作方式为切入点，确保思想政治教育以科学的内容、强大的传播力，奏响时代最强音。当今世界正处在百年未有之大变局、大发展时期，社会的发展与深度变革，实现了新技术的革新与突破，信息数字化成为时代发展的主流，推动着新媒体“轻传播”成为时代快速更迭的符号和记忆。随着世界科技发展的日新月异，社会发展进入持续更新的快车道，尤其是新媒体的迅猛崛起，对从事大学生思想政治教育的工作者提出了更高要求。我们必须不断提升教学水平，从容应对时代挑战，全面提升个人综合素养，努力提升新媒体“轻传播”环境下大学生思想政治教育的有效性，为给中国特色社会主义发展培养源源不断的优秀人才而不竭奋斗。

5.1.1 新媒体是大学生思想政治教育的新载体

1. 全面推动社会进步的需求

当今世界正处于百年未有之大变局、大调整和大发展时期，经济全球化的步伐明显在加快，在世界各国的激烈较量中，运用现代科技力量展开竞争成为一种必然的战略选择。在社会信息化迅速发展的条件下，新媒体作为大众传播媒介，日益显示出灵活高效、多向传导的优势，在宣传思想工作中成为不容忽视的重要载体，甚至已经成为宣传舆论工作的主要领域以及争夺话语权的主阵地。与此同时，它也对高校大学生思想政治教育产生了重大影响。通过本书的调查数据得知，大学生新媒体使用率高达 95%，并且 91.60%以上用于聊天交友。显然，新媒体“轻传播”环境下的高校大学生思想政治教育已经成为一项规模宏大的社会教育工程。它立足于社会实践，以科学引导大学生树立正确价值观与思想观念为核心，是每一位大学生的必修教育课程。受新时期社会快速发展与改革的影响，各种思想也在激烈碰撞中发展，面对经济全球化与科技无国界的发展态势，大学生个人思想与社会发展深度交融。在此大背景下，新媒体网络为大学生提供了对外开放、了解世界的各种平台，成为大学生获取世界前沿信息的主渠道，满足了大学生全面发展的需求。此外，大学生是未来社会发展的新生主干力量，学习性强，动手能力快，极大地促进了新媒体未来的快速发展与传播。面对当前思想政治教育环境发生的重大变化，引导和带动社会力量做好新时代高校大学生思想政治教育，是国家全面持续发展的现实要求。由于受新媒体网络自由性、开放性、隐匿性特点的影响，以美国为首的西方政客对中国的发展持有偏见，总是通过新媒体网络向青年大学生传播各种反面思想，试图达到混淆视听，左右我国青年大学生的思想观念与价值观的目的。因此，我们必须掌握新媒体网络核心技术，并借此高效应对经济全球化引发的尖锐矛盾，精准掌握推动社会进步的有力抓手，营造科技创新的社会基本架构，发挥科技创新的效能，促进我国的持续健康稳定发展。与此同时，我们要善于利用新媒体“轻传播”的特点与优势，做好青年大学生思想政治教育工作，弘扬社会主旋律，抢占网络空间舆论的主阵地，促使大学生更加坚定“四个自信”，做好“两个维护”，努力成为推动社会发展进步，实现中华民族伟大复兴的时代弄潮儿。

2. 应对意识形态渗透挑战的新需求

通过本书对大学生的问卷调查得知，大学生新媒体使用率高达 95%，其中，69.8%的大学生关注时政新闻，近 40%的大学生喜欢看美国大片和韩剧，说明大学生对时政与意识形态方面比较感兴趣，这就对大学生意识形态的教育提出了挑战。目前，西方国家已把新媒体视为一种政治工具，西方敌对势力将它作为“和平演变”的舆论武器，如在东欧剧变、苏联解体中起到了非常恶劣的作用。西方国家利用新媒体网络自由、开放的特点，将西方的价值观念及意识形态疯狂地向我国青年大学生渗透，这已成为我国新形势下高校思想政治教育工作必须解决好的重要问题。此外，尽管长期以来，广播、电视与报纸等传统媒体开展了形式各样的对我国主流意识形态的宣传与教育，也取得了较为丰富的理论与实践经验，但在新媒体网络平台开展马克思主义理论宣传实践的推动力明显不足，我们在新媒体载体的运用方面还落后于发达国家，这严重阻碍了新媒体“轻传播”环境下大学生思想政治教育领域网络平台宣传的整体发展。因此，我们也应该增强阵地意识，提高紧迫感，加强对新媒体以及“轻传播”的研究，有针对性地加大大学生思想政治教育在新媒体中的宣传力度。教育工作者也应加紧学习，提高新媒体媒介素养，掌握必要的网络技术，推进思想政治教育与新媒体的融合，运用现代科技手段提高宣传思想工作的效率，让新媒体成为大学生思想政治教育的有效载体。

大学生是未来社会发展的主干力量，是意气风发的国之栋梁，但他们在三观方面还未定型，需要学校进行系统的思想政治教育，以树立正确的价值观，扣好人生第一粒扣子。由于新媒体网络技术的快速发展与普及，各种错综复杂的思想在新媒体网络传播，特别是西方一些政客与势力，打着自由、人权的幌子大摇大摆地搞颜色革命的错误思想，严重干扰了大学生正确思想的确立，这也是需要高校思想政治教育部门高度关注的重大问题。因此，我们要紧跟时代发展步伐，充分利用新媒体“轻传播”的特点与优势，进一步强化马克思主义理论的宣传，坚持用马克思主义的观点、方法和立场开展全方位的网络思想政治教育，传播社会主义发展的正能量，弘扬社会主流价值观，以绝对优势抢占网络舆论的制高点。发挥好新媒体网络平台对大学生“三观”的教育引领作用，全面提升大学生的心理素养与思想认知，以免他们被负面信息侵蚀，努力将他们培育为全面建设社会主义现代化国家的合格建设者和可靠接班人。

5.1.2 提升大学生思想政治教育有效性是适应新媒体“轻传播”时代发展的必然要求

随着新媒体网络技术的疯狂推进，各种新媒体平台进入人们的视野并逐渐普及，深刻改变着人们的生产、生活及学习方式，也极大地促进了高校大学生思想政治教育环境的变化，同时大学生思想政治教育有效性问题日益凸显，成为各高校思想政治教育部门共同关注并必须解决的难题。在新媒体"轻传播"环境下开展大学生思想政治教育有效传播，广义上的理解是指开展大学生思想政治教育传播的主体，有效利用新媒体作为传播载体，发挥教育信息的传播力，对大学生进行思想品德、行为规范及价值观的教育，使之符合社会发展的要求，成为社会主义发展的合格建设者和可靠接班人。显然，在新媒体"轻传播"环境下开展大学生思想政治教育，需要利用时代先进技术，如新媒体"轻传播"具有的移动性、开放性、互动性和即时性等传播优势，进一步丰富思想政治教育内容，创新传播载体，从而获取强大的思想政治教育传播实效。通过本书调查发现，大学生对网络意识形态领域的关注度中，"非常关注"为 42.50%，"关注"为 40.10%，"一般关注"为 11.20%，由此可见，90%以上的大学生会时常关注网络意识形态，这给我国的网络舆情带来了重大挑战，如何引导主流价值观，控制好舆情，给大学生使用新媒体营造一个健康文明的网络环境，成为国家网信监管部门及高校思想政治教育主管部门必须解决的难题。为此，高校要利用新媒体网络做好网络思想政治教育，特别要加强网络舆情的引导和梳理，摸清网络平台不同受众针对社会新闻和热点发表的个人情绪、观点与意见。习近平总书记高度重视网络安全和网络治理，针对网络日益凸显的新问题，提出了要加强和把控网络的舆论导向，担负起宣传思想工作的职责使命，提升网络传播的主动权和主导权，旗帜鲜明地反对和抵制网络中各种错误言论，紧紧守牢意识形态前沿阵地等新要求。习近平总书记指出："互联网的全面普及，对社会舆论的传播手段形成明显改变，也对舆论生态产生了影响，'一呼百应、一锤定音'的传统主流媒体优势正在被削弱。当前，一切舆论斗争的主战场已悄然转到互联网络上，我们要深入开展网上舆论斗争，严密防范和抵制网上攻击渗透行为，牢牢掌握网络舆论战场上的主动权。"可见，强化网络舆情的掌控力，摸清时代脉搏，将网络技术能力发挥好、利用好，是推进网络思想政治教育的唯一抓手，也是确保实现思想政治教育传播有效性的关键途径。

随着互联网、新媒体技术的快速发展，新媒体"轻传播"方式在社会发展的各个领域实现了快速延伸，新媒体以强劲的力量，推动社会生活发生巨大变革，运用模拟手段实现网络映射，通过虚拟空间完成了对真实世界的形象演绎。人们在新媒体网络平台和计算机终端建立了错综复杂的互通互联，构建了相互依托、纵横相交的网络社会。在这个变幻莫测的网络世界里，人们对网络世界的所有设想都实现了，线上购物、各大博主论坛、短视频直播，甚至电子教室等网络应用，成为人们生活不可或缺的重要组成部分，新媒体成为网络社会创造精彩世界的发展平台，在这里，现实与网络彼此相融又独立存在。新媒体网络为世界的发展贡献了强大的力量，然而，新媒体网络也存在许多不可避免的现实困难，在处置方法和能力上存在一定的局限和阻碍。大学生作为新媒体网络的主要参与者，深受新媒体网络的影响。因此，做好新媒体“轻传播”环境下大学生思想政治教育工作，是新形势下高校思想政治教育的时代要求。

1. 新媒体“轻传播”的特点决定了网络思想政治教育存在的必要性和重要性

新媒体的快速发展与广泛使用，给高校大学生思想政治教育带来了重大机遇，创新了思想政治教育的载体与手段，进一步提升了大学生思想政治教育铸魂育人的功能与作用。然而，新媒体的发展，也深刻改变了高校大学生思想政治教育的环境，给大学生思想政治教育工作带来了重大挑战。由于新媒体具有开放性和隐匿性等特点，众多不良信息在新媒体网络扩散，严重影响着大学生的思想观念、心理健康和行为规范。因此，在新媒体“轻传播”环境下做好网络思想政治教育是刻不容缓的重大任务。

（1）新媒体“轻传播”的网络社会是人主宰的社会

新媒体“轻传播”的网络社会不同于现实社会。电子信息与器件等是网络社会的基本元素，这些基本元素又构成了一个新的网络世界，网络世界的主体内容是信息，粗看网络空间，好像是看不到人的虚拟世界。但实际上，网络空间并不缺乏人的存在。人们通过操作、筛选和把关信息，确保了网络世界的正常运行。正是因为人在幕后控制，网络才成为网络社会，它才获得了和现实社会一样的能力。不得不承认，大学生和教育者作为新媒体“轻传播”网络的主要用户，他们的技术水平和思想水平十分重要。引领大学生网民坚持正确的政治方向是思想政治教育者肩负的重要职责。新媒体环境淡化了国界，也让很多人淡忘了思想政治教育的阶级性、党性、政治性和意识形态性，有的教育工作者甚至认为“21 世纪道德教育的关键在于引导人们树立全人类的共同文化价值观”，这种认识误区亟须纠正，马克思主义思想影响的减弱就意味着资产阶级思想影响的加强，因此，新媒体环境下并不能放松对人们尤其是大学生的思想政治教育。

（2）新媒体“轻传播”的网络社会中个性化和社会性并存

当前，在新媒体“轻传播”的大环境下，大学生发挥其特有的技术优势，灵活运用计算机终端完成信息传递与数据整合，彰显了其独特优势与个性魅力。在网络的互联互通中，网络使用者并不是独立存在的，网络、计算机及操作者，形成了相互作用的点对点连接，构建了人与人相互联通的关系网，在发挥个性和崇尚自由的同时，展现了社会性与群体性的正向结合。在追逐个性发挥和张扬的同时，构建了共同发展、彼此合作的“全球化”社会大环境。所以说，新媒体“轻传播”的社会性成效已经渗透到各行各业的经济建设和社会发展中，这种情况下，对思想政治教育的渗透性要求更高了，思想政治教育不仅要紧密结合经济建设实际，更要渗透到日常的经济、业务、社会生活和各项管理工作中，渗透到专业课教学、社会实践和大学生教育的全过程中。基于新媒体“轻传播”的大学生思想政治教育只有充分发挥其社会性，立足社会实际，贴近生活，才能成为有效的思想政治教育，以行之有效的手段确保大学生个性的正向张扬，妥善处理与协调好统筹发展关系，丰富思想政治教育内容，帮助大学生正确处理好个性发展与社会融合的关系，努力成为德、智、美、体、劳全面发展的时代优秀青年。

(3)新媒体“轻传播”的网络社会中，有序性与无序性并存

新媒体“轻传播”的网络社会，具有规范有序性的同时，又具备无序性的特点。如果站在新媒体网络硬件层面分析，网络社会具有一定的规范性。如果站在新媒体网络软件发展环境的层面来看，网络社会又是杂乱无序，缺乏章法的。网络社会的“经济基础”在于其精尖的电子元件和完整的电脑程序。但科技却不能建造网络社会的“上层建筑”。网络开发者缔造了网络社会，但法律却没有做到与时俱进。时至今日，网络相关法律与制度还不够全面，因而不能很好地规范、整合网络社会。因此，思想政治教育要主动承担起这一艰难任务和光荣使命，从人的心灵入手，形成对人的思想和灵魂的浸润，这是确保网络秩序长足稳定的有效途径之一。这就要求高校教育工作者充分认识到思想政治教育在新媒体环境下的新特点，并深入探索以揭示其新规律。从宏观视角来看，思想政治教育与社会大系统联系紧密，决定了它必须服从、服务于社会的全面进步和大学生的全面发展的。思想政治教育应从大学生的实际出发，既适应大学生思想政治品德现有水准，适应其思想政治品德发展的需要，又超越现有水准，将其逐步提高到社会要求的水准上来，即使在无序的网络环境下，也可以通过自身思想内部的矛盾运动，形成符合社会要求的思想政治品德。

(4)新媒体“轻传播”的网络社会也具有政治性和阶级性

习近平总书记对意识形态工作作出重要指示：“意识形态工作是党的一项极端重要的工作。面对改革发展稳定复杂局面和社会思想意识多元多样、媒体格局深刻变化，在集中精力进行经济建设的同时，一刻也不能放松和削弱意识形态工作，必须把意识形态工作的领导权、管理权、话语权牢牢掌握在手中。”可见，在新媒体“轻传播”环境下，只有全面做好意识形态工作，才能为经济持续的发展与社会的稳定保驾护航。当前，纵观新媒体“轻传播”的网络社会，其实质是一个跨越了国家与民族界限的社会。在新媒体应用过程中超越意识形态和不同的社会制度，并不等于也不可能要求我们在思想文化领域淡化意识形态，放弃马克思主义在意识形态领域的指导地位。相反，新媒体应用越广泛，越应加强大学生思想政治教育，坚持社会主义的政治方向。新媒体“轻传播”网络社会虽然并未形成场域界定，但政治斗争始终存在。在新媒体网络发展平台，西方各种意识形态实施的渗透与反渗透行为，其实质是以新的网络社会政治斗争形式表现出的一种传统政治斗争行动的延伸。思想文化武器在特定情境下具有巨大的杀伤力，信息战争不再以开疆拓土为主旨。严峻的网络社会政治斗争形势，要求我国思想政治教育部门必须严格贯彻并全面落实党中央关于新形势下意识形态工作的新要求，充分利用新媒体网络讲好中国故事，传播好中国声音，必须打赢新媒体网络政治斗争，取得最后胜利。

2. 新媒体“轻传播”环境下现代思想政治教育学科的发展趋势要求提高教育的有效性

新媒体“轻传播”环境下，我国社会的生产生活方式和人们的思维方式都发生了一些变化，对现代思想政治教育产生了深远影响。在新环境下，要把握现代思想政治教育的发展趋势，就要不断提高思想教育工作的有效性，推动社会和人的发展。

第一，思想政治教育跨越学科边界化束缚横向延伸发展。新媒体的普及应用为信息共享和跨学科发展创造了条件。思想政治教育学在不断吸收政治学、哲学、心理学、社会学、管理学等相关科学理论的基础上，丰富和完善了现代思想政治教育学的理论体系。大学生思想政治教育要顺应这种学科横向发展的趋势，吸收和借鉴相关学科的科学成分，以及反映时代要求、体现时代进步的自然及社会科学文明成果，提高学科传播的有效性。

第二，思想政治教育纵向升华发展。由于新媒体环境的信息分散性和复杂性，人们需要借助哲学提供世界观、价值观方面的理论指导。思想政治教育也需要基于哲学视角，跳出思想政治教育本身的狭小圈子，在更高层次对现代思想政治教育的理论和实践问题进行哲学沉思，在本体论、主体论、过程论、价值论、层次论等哲学研究成果的基础上，将那些具有一般意义的与人有关的命题结合起来考虑，让现代思想政治教育学获得高度延伸和纵深升华。而这些活动都是建立在思想政治教育有效性的基础上的，将人们的思想和行为尤其是大学生的思想和行为引导到符合社会发展要求的正确方向上来，并获得哲学层面的思想提升，才能更好地实现个体价值。

第三，国际化和民族化并行发展。在知识经济时代，新媒体的普及应用促进了高校之间跨国界、跨民族、跨文化的交流与合作。这就要求大学生思想政治教育必须立足国情，保持和发扬自身特点，又必须树立世界眼光和开放意识，积极吸纳人类文明所创造的一切优秀成果，重视解决人类面临的共同问题，培养出时代发展需要的人才。大学生思想政治教育要立足本国又面向世界，继承传统又面向未来，既有博大胸怀又保持清醒头脑，在国际化与民族化并存发展的基础上实现民族性和时代性的统一。

总之，新媒体“轻传播”的网络社会以显著的虚拟性为主要特征，同时也是对真实社会的逼真描写。因为有了网络社会衍生的问题，现代思想政治教育亟需实现精准介入。通过合理运用新媒体“轻传播”网络技术，切实提升大学生思想政治教育的时效性与作用力。所以，要牢牢抓住新媒体“轻传播”环境下的网络社会主要特征，全面剖析新媒体网络大环境下人们的各种思想和行为，纵深解读网络与思想、现实与虚拟之间真实存在的关系，围绕两个不同的空间场域涉及的伦理道德关系，逐步探寻新媒体“轻传播”背景下的网络思想政治教育的应对举措，构筑网络思想政治教育新格局。此外，还需要建立新的管理教育机制，拓展网络思想政治教育发展空间，全面提升新媒体“轻传播”环境下大学生思想政治教育的有效性和实效性。

5.1.3　大学生思想政治教育有效性与新媒体“轻传播”在结构模式上有一致性

著名传播学研究者拉斯韦尔提出了著名的“5W”模式。“5W”模式是取“谁

(who)”“说什么(say what)”“通过什么渠道(in which channel)”“对谁(to whom)”“取得什么效果(with what effect)”的首个英文字母命名的(图 5.1)。

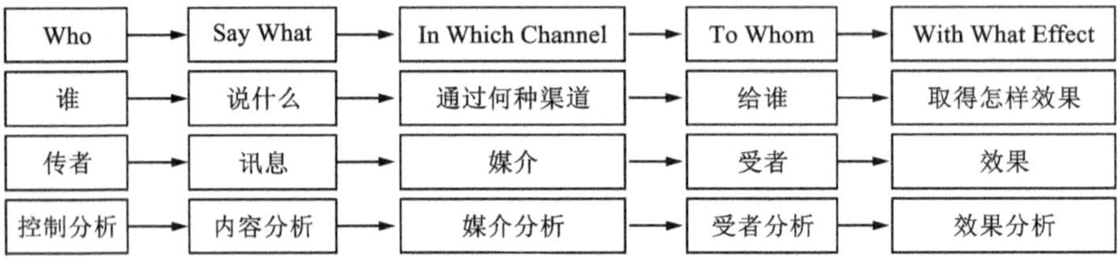

图 5.1　“5W”模式

传者是指对信息进行收集、加工和传递的人，在传播这一过程中承担主要任务。讯息即传播的内容，它是一个信息组合，由一连串有价值的符号构成。媒介是指发挥物质的载体作用，实现信息的持续传播。媒介形式多种多样，可以是人际关系，也可以是大众传播媒介，无论是电话还是信件，无论是电视还是广播与报纸，均具有同等的媒介作用。受者是对观众、听众以及读者的专属称谓，也是最终传播目的和终极目标。效果是指受众接收到信息后，在知情意行等方面所产生的反应，它是衡量传播活动是否有效果的标尺。“5W”模式是早期定义的一种传播模式，忽视了“互动”和“反馈”机制。在实践的推动下，传播模式不断完善与优化。在高校开展的大学生思想政治教育，也是一种社会性实践活动，是涵盖多种传播要素的信息传播体系。通过细致对比，大学生思想政治教育与信息传播，二者间存在极度相似的契合点，即它们的基本要素存在着对应关系，如教育主体、客体分别与传播者和受者相对应，教育内容与传播信息相对应，由此可知，大学生思想政治教育也是一个特殊的传播活动。

5.2　新媒体“轻传播”环境下，提升大学生思想政治教育有效性的基本原则和新要求

良好的原则是解决问题的有效方法。由于受新媒体“轻传播”的影响，高校大学生思想政治教育的内生因素和外部环境都发生了重大变化，因此，确立新

媒体“轻传播”环境下提升大学生思想政治教育有效性的原则，是做好新形势下大学生思想政治教育工作应该遵循的基本准则，与此同时，针对现实环境的变化，高校思想政治教育部门需要制定做好大学生思想政治教育工作的新要求，全面贯彻并落实新媒体“轻传播”环境下提升大学生思想政治教育有效性的基本原则和新要求，这对新媒体“轻传播”环境下顺利开展大学生思想政治教育工作，不断提升高校思想政治教育水平与能力，具有积极意义。

5.2.1　提升大学生思想政治教育有效性的基本原则

新媒体发展是大势所趋，新媒体“轻传播”的功能与优势已被广泛应用，利用新媒体提升大学生思想政治教育有效性是顺势而为的必要举措。在新媒体“轻传播”环境下开展好思想政治教育工作，必须因时而进，因势而新，并坚持以下基本原则：

1. 坚持以马克思主义为根本指导思想

习近平总书记指出：“高校思想政治工作关系高校培养什么样的人，如何培养人以及为谁培养人这个根本问题。”可见，高校思想政治工作使命光荣，责任重大。为了确保完成为党育人、为国育才的艰巨任务，高校思想政治部门要始终坚持以马克思主义为根本指导思想，特别是要用马克思主义中国化最新成果——习近平新时代中国特色社会主义思想武装头脑，激发广大大学生学习马克思主义理论的热情，做到学懂弄通，真信真用，做马克思主义坚定的信仰者、传播者和践行者。

2. 坚持以立德树人为根本宗旨

百年大计，教育为本。习近平总书记指出：“高校立身之本在于立德树人。”因此，高校要牢牢抓住立德树人的关键，落实立德树人根本任务，也就是要全面贯彻党的教育方针，始终坚持社会主义办学方向，结合新时代的新要求将其全面落到实处。进入新媒体“轻传播”时代，由于新媒体具有海量性、无界性和自由性的特点，大学生获取信息的能力极大提升，也让一些不良信息进入他们的视线，严重影响着他们思想品德的塑造和正确价值观的树立。因此，新媒体“轻传播”环境下，做好大学生思想政治教育工作必须坚持以立德树人、铸魂育人为根本宗旨和奋斗目标，把社会主义核心价值观融入教育全过程，深入开展理想信念教育、爱国主义教育、中华优秀传统文化教育和革命传统教育，引导和帮助学生把握好人生方向，扣好人生的第一粒扣子，从而为全面建设社会主义现代化国家不断培养合格的建设者和可靠的接班人。

3. 坚持理论教育与社会实践相结合

理论来源于实践，理论又指导实践，实践是检验真理正确与否的唯一标准。这是唯物辩证法的哲学思想，也是我们做好新形势下大学生思想政治教育工作的重要原则。在新媒体“轻传播”环境下，做好大学生思想政治教育工作，不断提升思想政治教育的实效性，一方面要开展好思想政治理论课，注重思政教师自身理论素养的提高和教学方法的创新，让大学生爱上思政课，努力提高思政课在大学生心目中的地位，切实发挥思政课在思想政治教育中的主渠道作用；另一方面，高校思想政治教育部门要开展好思想政治教育实践活动，全面贯彻并落实教育部关于思政课实践教学的文件要求，让大学生在丰富多彩的实践活动中对课堂所学的理论进行检验与升华。本书在走访江西农业大学南昌商学院思政部时，了解到该学校思政课实践活动的相关开展情况。该校在“思想道德与法治”课中，设计了“我与青春对话”为主题的实践活动，让大学生在该实践活动中更加深刻地认识到个人与社会、个人与国家的关系；在《中国近现代史纲要》科目中，设计了“红色家书”为主题的舞台情景剧表演，让大学生更加深入地了解红色文化，更加坚持“四个自信”；在《马克思主义基本原理》科目中，设计了“用哲学思维思考校园生活”为主题的实践活动，让大学生更加自觉地用马克思主义哲学思想指导现实生活，做到对马克思主义基本原理真学、真信、真行；在《毛泽东思想和中国特色社会主义理论体系概论》科目中，设计了“到新时代秀美乡村开展一线课堂教学”的实践活动，让学生亲身参与，自觉感受，深入体会，进一步让思政课教学入脑入心，为培养新时代中国特色社会主义接班人而努力奋斗。

5.2.2 提升大学生思想政治教育有效性的新要求

习近平总书记在全国宣传思想工作会议上指出：“宣传思想工作要把握大势，做到因势而谋、应势而动、顺势而为。”习近平总书记在全国高校思想政治座谈会上指出：“做好高校思想政治工作，要因事而化、因时而进、因势而新。”习近平总书记多次强调：“要运用新媒体新技术使工作活起来，推动思想政治工作传统优势同信息技术高度融合。”紧紧抓住“大事”“大势”和“大局”，找准高校思想政治教育工作的切入口和着眼处，就要把握好“事”和“化”、“时”和“进”、“势”和“新”之间的辩证关系，做到破旧立新，在继承老办法的基础上解锁新办法，充分利用思政教学资源和新媒体技术，遵循学生成长和思想政治教育与教书育人的规律，引领学生主动学习，爱上学习，感受学习的乐趣，从而在理论上滋养学生，在思想内涵上浸润学生，在情操上陶冶学生，给学生以人生启迪和信仰力量。

1. 新媒体“轻传播”环境下大学生思想政治教育工作呼唤新媒体思维

近年来，随着时代的进步以及网络信息的爆炸，新媒体技术的层出不穷及智能手机的普及，微信、抖音、微博、贴吧、腾讯会议、微视等新媒体广泛应用，如雨后春笋般涌现，新媒体日益走进人们的生活，我们已经进入了新媒体“轻传播”时代，在这个崭新的时代里，高校思想政治教育面临前所未有的机遇和挑战，要抓住时机，化解困难，创新思想教育模式。新媒体赋予高校思想政治教育者众多教育新手段，极大地拓宽了教育传播的渠道。大学生可以合理利用腾讯会议、抖音、云课堂、微信等完成知识的积累与拓展，师生之间可通过新媒体在线沟通，答疑解惑。另外，由于新媒体的出现，图像、声音等元素被添加进思想政治教育工作，学生的兴趣大大增加了。这些都表明新媒体助推高校思想政治教育工作的开展，有力促进了大学生思想政治教育水平的提升。但由于新媒体传播中信息纷繁复杂，真假亦很难区分，加之新媒体的泛娱乐化等，新媒体的广泛普及也给以传播主流文化和正能量信息为己任的高校思想政治教育工作带来了极大的挑战。如何认识和用好“新媒体”，将其蕴藏的最大潜能发挥出来，切实提高思想政治教育的实效性，是当前高校思想政治教育工作亟待解决的现实问题。

2. 新媒体“轻传播”环境下大学生思想政治教育境况堪忧

一是信息不对称。众所周知，隐蔽性是新媒体的一大特点，一方面时空的虚拟拉近了人们之间的心理距离，但另一方面许多信息也失去了其真实性。另外，不可否认的是，新媒体信息瞬息万变，面对共同的信息内容的更新，思想政治教育的主客体形成了鲜明的对比，往往更年轻的大学生占有能及时接受更新信息的优势，因此信息不对称给思想政治教育主体带来极大的挑战。二是话语权缺失。新媒体“轻传播”时代是信息横流的时代，知识传播的迅捷，为人们的终身学习提供了全新的选择。在新媒体的点对面传播过程之中，多元化思想是一大特点，信息不再是单向灌输，而转化成多样性、个性化发布，在人们双向交流的过程中，思想观点呈现多样化的特征，某个思想或观点也很难快速得到支持或认同。

目前，高校在应用新媒体促进思想政治教育工作的成果上有待提升。各高校都建立了思想政治教育的专门线上平台，取得了一些成绩。学校网站的建设、学校公众号及App的注册等，都有力地推进了思想政治教育与新媒体技术的结合。尤其近些年来，大部分高校都开通了微博、抖音、钉钉课堂、微信等不同的新媒体平台，充分挖掘了新媒体网络的思想政治教育资源。尽管高校思想政治教育与新媒体平台建设实现了深度融合，各种新媒体平台也陆续建立和完善，但整体布局涣散不集中，缺乏足够的影响力，技术设施也有待提高，其主要原因如下：一是传统思维模式难以抛弃，容易陷入工具理性误区。高校缺乏对新媒体的深刻认识，一味沉浸在传统模式中，没有树立新媒体思维，仅仅是把新媒体视为一种交流工具。因此，一些高校存在网站设置少、内容上传速度不及时、缺乏原创精品、时效性不强、互动性欠缺等问题，尤其是议题设置在发挥时效作用方面的优势较弱，所以浏览量和点击率不高。学生没有充分利用学校开设的思想政治教育网站来进行学习和交流，高校在思想政治教育工作方面也没有有效地利用新媒体这一丰富的网络资源。二是各高校网站布局分散不一，没有做到集中统一，尚待形成有效合力。当前，高校思想政治教育工作的新媒体平台较多，有校园网、官方微博、小红书、公众号、短视频、QQ、贴吧、论坛等，容易出现重复建设的现象。在大学生思想政治教育工作方面，不可否认的是，这些平台发挥着一定的作用。总体来说，这些网站虽然数量众多且丰富，但缺乏有效整合，致使信息零碎分散，点击率有待提高，访问量不大，力量也不够集中，这些降低了新媒体资源的利用率，从而无法实现对新媒体“轻传播”环境下大学生思想政治教育效果的进一步提升。

第6章 新媒体“轻传播”环境下提升大学生思想政治教育有效性的应对策略

新媒体“轻传播”环境下，推进高校思想政治教育实效性是一项相当复杂的工作，其主要由传播主体、传播对象、传播中介、传播内容及即时反馈等基本要素构成，要让大学生的思想政治教育实效性获得最大限度的发挥，就需要让各基本传播要素彼此协调、有序运行。新媒体“轻传播”环境下的大学生思想政治教育是一个特殊的传播活动，思想政治教育者是思想政治教育信息的发起者，又称信息的“传者”，其在思想政治教育传播活动中始终承担主导者的角色，而大学生在思想政治教育传播活动中的身份不是单一的，其不仅是信息的主要传播对象，也称信息“受者”，同时由于新媒体网络具有极强的开放性和交互性，因此有时也转变角色，成为思想政治教育传播者，与思想政治教育者通过新媒体平台进行频繁互动交流。随着新媒体的快速发展与普及，微信、微博、QQ、短视频等新媒体网络平台层出不穷，也日益成为高校思想政治教育教学的宣传载体与平台，在思想政治教育活动中发挥着桥接互通的传播功能。这些新媒体“轻传播”平台具有门槛低、成本低、轻传播等特点，是提升大学生思想政治教育有效性和思想政治教育铸魂育人水平的重要因素。然而，只注重传播媒介的选择是远远不够的，在新媒体“轻传播”的大环境下，要做好大学生思想政治教育有效传播，就必须践行“轻传播”与“厚内容”相结合的思路，坚持内容为主的原则。因此，传播主体要在传播内容上下功夫，挖掘最新、最适宜并且深受大学生喜爱的内容，来激发他们对于思想政治教育的兴趣，这样他们便会更加自觉地参与对内容的关注。此外，另一个需要关注的问题就是教育效果的及时反馈，这是全面做好当前大学生思想政治教育工作的重要因素。为此，需要设计一个科学有效的新媒体“轻传播”环境下高校大学生思想政治教育教学效果检验的反馈机制，以此来即时反馈大学生对思想政治教育内容的认可度与接受度。这一问题恰恰被集大数据分析、人工智能于一体的新媒体有效化解了，通过运用智能技术，新媒体能够对教育目标进行全方位的信息收集、定性理解、信息反馈等，从而完整地掌握教育对象的理念、情感、心态、活动、能力、认知等状态，并根据反馈的结果对思想政治教育活动的内容、方法与手段进行及时修改与完善，进而开展更加有针对性的思想政治教育活动。如今，中国数字化快速发展，在数字化大环境下，传统媒体的“重宣传”范式已难以满足新形势下信息宣教工作的需要。因此，我们必须根据数字化发展的特点，顺应数字化发展的潮流，积极开拓数字化新媒体“轻传播”载体，并立足大学生这个接受主体来深入研究，以探求新媒体“轻传播”时代背景下我国高校思想政治教育的有效性。

6.1 提高信息传播者的媒介素养，把握信息传播的主导权

习近平总书记指出：“教师是搞好思想政治理论课的关键，重点是调动老师的积极性、主动性、创造力。”而老师作为高校学生思想政治教学工作的发起者、组织者和主导者，在大学生思想政治教学工作中占据着至关重要的地位。立足于新形势，进一步提高大学生思想政治教育的能力与水平，是目前迫在眉睫的问题。而采用适宜的教学模式也是进一步增强思想理论教学实效性的关键途径。思想教育课堂，既反对教师的独角戏、一言堂，更不接受学生消极听课，教师要引导学生积极地投入课堂，因为他们不仅是接受者，更是参与者。所以，教育主体必须选择最适宜的教学方法，创设良好的教育氛围，突出受教育者的主体地位，重视受教育者针对性的、多样性的成长需求，努力为中国特色社会主义持续发展培养全面人才。然而，随着新媒体“轻传播”时代的到来，传统的大课堂思想政治教育模式育人效果在逐步减弱。在传统思想政治教育模式里，教师和学生是台上台下的位置关系，思政课教学的主体是教师而非学生，教学方法主要是直接教育、反复灌输，这种模式下的教学使教师与学生互动性

不强。尽管目前已有众多学校正在进行思政课课堂教学改革，可是始终缺乏多样性和创新性，不能满足当代大学生思想政治教育工作的需求。因此，积极探索新媒体“轻传播”环境下高校思政课教学方式方法的创新途径迫在眉睫。当前新媒体“轻传播”融入社会各个领域，很大程度上也影响了高校大学生思想政治教育。思政课教学使命光荣，教师责任重大。因此，思政课教师要敢于直面现实，积极投入到新媒体“轻传播”环境，不断学习新媒体的基础理论，熟练运用新媒体，全面提升媒介素养。此外，高校还要全力挖掘新媒体“轻传播”的潜能与资源，进一步打开大学生思想政治教育有效性工作的大格局，为给全面建设社会主义现代化强国培养合格的建设者和可靠的接班人而努力奋斗。

6.1.1 多措并举，提升传播者的综合素质

1. 强化政治素质

高校思想政治教育是具有鲜明政治特性的教育活动，围绕特定政治目标而展开。作为思想政治教育的施教者，首先要具有较高的政治素养，这关系到新媒体环境下网络话语的政治导向问题，也关乎将大学生的思想认识引向何方的重大问题。卡扎米亚斯(1981)认为，只有当信息传播者从思想上接受了民主准则并以校外活动为辅助，加强校内教育，这样的政治教育才是有效的。习近平总书记指出：“办好思政课，最根本的是要全面贯彻党的教育方针，解决好培养什么人、怎样培养人、为谁培养人这个根本问题。新时代贯彻党的教育方针，要坚持马克思主义指导地位，贯彻新时代中国特色社会主义思想，坚持社会主义办学方向，落实立德树人的根本任务，坚持教育为人民服务、为中国共产党治国理政服务、为巩固和发展中国特色社会主义制度服务、为改革开放和社会主义现代化建设服务，扎根中国大地办教育，同生产劳动和社会实践相结合，加快推进教育现代化、建设教育强国、办好人民满意的教育，努力培养担当民族复兴大任的时代新人，培养德智体美劳全面发展的社会主义建设者和接班人。”总书记的讲话，表明了高校的思想政治教育具有鲜明的意识形态特性，承担着传播马克思主义理论和习近平新时代中国特色社会主义思想的重要使命，促使青年大学生更加坚持“四个自信”，更加坚定共产主义理想信念，更加理解新时代发展中承担的使命。因此，高校思政课教师及思想政治教育工作者要具

备过硬的思想政治素质，因为思政课就是帮助大学生树立正确的理想，培养坚定的理想信念的必修课。习近平总书记指出：“要让有信仰的人讲信仰。对马克思主义的信仰，对社会主义和共产主义的信念，只有首先在思政课教师心中扎下根，才能在学生心中开花结果。思政课教师只有自己信仰坚定，对所讲内容高度认同，做学习和实践马克思主义的典范，才能讲得有底气，讲深讲透，才能有效引导学生真学、真懂、真信、真用。要善于从政治上看问题，自觉用新时代中国特色社会主义思想武装头脑，在大是大非面前保持政治清醒。教师是释疑解惑的，自己都疑惑重重，讲出来的东西不会是充分坚定、富有感染力的。”由此可知，思政课教师及高校思想政治教育工作者是高校思想政治教育工作的主要执行者、践行者和推动者，其本身的思想政治素质状况直接决定了大学生所接受的思想政治教育的教学成效。因此，高校的思想政治教育者需要全面学习和坚决贯彻习近平总书记重要讲话精神，严格落实教育部关于思想政治教育理论课建设的文件要求，而高校要在思政课教师人才引进、理论学习、师德师风等方面多措并举，强化思政课教师的政治素养，确保思政课教师承担起“守好一段渠，种好责任田”的光荣使命。

2. 提高理论素质

马克思指出：“理论只要彻底，就能说服人。”思想政治教育课程本身是一个讲道理的基础课程，因此必须将马克思主义抽象的理论知识说明白、讲透彻，这就要求高校思政课教师必须具备开阔的眼界，同时拥有坚实的理论功底。所以思想政治教育者要广泛吸收马克思主义理论、毛泽东思想、邓小平理论、“三个代表”重要思想，以及古典政治经济学、德国古典哲学、阶级和阶级斗争学说等思想和基础理论知识，在掌握理论上下功夫。只有具备良好的理论素养，才能保证大学生思想政治教育工作的顺利进行。马克思主义理论具有极强的意识形态，是我国社会主义各项事业取得成功的根本保证。因此，高校要开展好“马克思主义基本原理”课程，引导广大学生熟读马克思主义经典著作，强化马克思主义基础理论知识。而思政课教师作为马克思主义理论的主讲者、真理的传播者，在加强马克思主义基础理论在意识形态教育领域的引导地位，努力引领马克思主义理论知识走进校园、走进课堂教学、走进学生头脑的过程中，发挥着重要作用。为此，思政课教师要系统地学习马克思主义经典著作，并在此基础上深入研究，坚持认真研教、以研促教、教研并进的原则。思政课教师唯有掌握并悟透马克思主义真理，方能充分展现其在思想政治教育中所发挥的关键作用。此外，高校思政课教师也需要拓宽视野，丰富知识体系，并且要时刻关注国际新闻、全球事件，具备全球性眼光。总之，思政课教师要具备扎实的马克思主义理论基础、渊博的人文社科专业知识和开阔的国际文化视野，才能在教学活动中旁征博引，拥有独特的见解，才能有效地调动高校学生参与思政课学习的兴趣，从而帮助他们获得新知识、开阔眼界、洗涤灵魂，成为高校大学生健康成长的引路人。此外，思政课教师要把工作做优秀，做到精细化、具备创新性，就必须坚持与时俱进，与新时代接轨。当今时代是数字信息技术快速发展的新媒体“轻传播”时代，它对高校思想理论教学产生了重要影响。为此，思政课教师要时刻关注时代环境发生的巨大变革，积极主动地融入新媒体“轻传播”的浪潮中，努力学习新媒体知识和新媒介运用技巧，努力提升新媒体“轻传播”环境下大学生思想政治教育的有效性。

3. 提升能力素质

从事高校思想政治教育的工作者不仅需要具备相应的政治素养和理论素质，还应同时具备多方面的从事具体思想政治教育的实际能力，如语言表达能力、信息分辨能力、网络技术操作能力等。其可以通过参加培训，组织研讨会、技能比赛等进行深入学习交流，利用一些机会加强锻炼。尤其是新媒体环境下，思政课教师还需要具备一定的网络技术能力，包括熟练掌握网络平台的使用方法，以及设计并维护专题网页等能力。只有具备较高的能力素质，才能充分利用新媒体创造的条件，获得更多正确有益的信息，更好地为大学生思想政治教育服务。

如何争做一名人格正、受欢迎的思政课教师，习近平总书记指出：“有人格，才有吸引力。亲其师，才能信其道。思政课教师要有堂堂正正的人格，用高尚的人格感染学生、赢得学生。”可见，思政课教师高尚的人格魅力会对受教育者形成强烈的楷模示范作用。所以，要高度重视并塑造思政教师的个人魅力，这是成为一名合格的思政教师所必须具备的。在日常思政课教学中，思政教师崇高的人格魅力会在无形中感染学生，使他们成为广大学生为人、为学的榜样。因为思政教师的个人吸引力是一种无形的吸引力，其对广大学生产生的作用往往是潜移默化的。思政课老师的思想内涵越高，就越容易被高校学生接纳和爱戴，师生关系也就越和谐。因此，思政课老师要着力培养自身高贵的品格精神，以自我的“德”与“行”潜移默化地教育和指导受教育者，从而扩大高尚品德所带来的情感亲和力、感召力和影响力，更加有效地引导广大学生的思想和行为。

6.1.2 更新传播内容，提升吸引力

习近平总书记指出：“思想政治工作从根本上说是做人的工作，必须围绕学生、关照学生、服务学生，不断提高学生思想水平、政治觉悟、道德品质、文化素养，让学生成为德才兼备、全面发展的人才。”由此可以看出，思想政治课的教学目标和思想政治教学的内涵也有很大的关系。思想政治教育内容，其本质上就是由教育者向教育对象所传达的思想政治教育信息，此信息内容不但必须同当前经济社会发展的实际需要相符，而且还必须同高校学生的政治思想实际情况相适应。世界正在不断发展与变革，大学生的思想理念也在逐步发生变化。所以，思政教师必须以时代、条件、地点为基础，做到对具体问题的具体分析，不断丰富思政教学内容，创新思政教学模式，并且使思想政治教育能够紧跟时代、紧扣现实。马克思指出：“理论只要说服人，就能掌握群众，而理论只要彻底，就能说服人。”大学思想政治教学若要抓住受众，把握受众，锻铸受众的思维灵魂，就需要在增强教材的吸引力上下功夫，突出教育思想的科学性与真理性，突出与现实生活的关联度和贴合度，使其进入师生的心灵。这在新媒体“轻传播”环境下，就必须强调信息为王，精心创造内容。思想政治教育内容的“轻”传播能否做好，取决于对“轻”和“重”关系的处理。做好“轻”传播就要关注传播的内容和形式、理论和技术，只有这样，“轻”与“重”才能融合在一起。“轻”体现在形式与方法的“轻”，“重”体现在传播的内容与价值观方面的“重”。“轻”和“重”强调的侧重点也不一样，前者偏向于运用技术让理论变得大众化，后者则侧重于对方向的把控。“重”是核心，“轻”的内容决定着“重”的效果，如果想在新媒体“轻传播”时代更好地开展高校思想政治教育，就必须在教育内容的选择上下真功夫。首先，在内容的选取上，要做到因时而进、因势而新。时代在发展，社会在进步，大学生思想政治教育的主要内容也要紧随时代的脚步，要及时关注新时代中国特色社会主义发展新动向，使其成为思政课教育的生动材料，并对社会实际问题进行系统性、客观化的剖析，引领广大大学生更加坚定“四个自信”，为争当社会主义新时代的思想弄潮儿而积极努力

地奋斗。其次，在内容选择上，思政课要融合思想、理论，并且需要具备针对性，同时也要有亲和力。思想政治教育的具体内容要有意识形态与理论性，要以马克思主义深厚的思想理论来引导广大学生，同时要结合我党带领人民所创建的伟大红色历史事业与五千多年历史发展孕育出的优秀传统文化，结合马克思主义基础理论及其在我国当代的新实践成就，引领广大青年大学生坚持马克思主义理想信念，并清醒地认识自身所承担的时代责任和担当；要紧密结合我国革命优秀历史人物和不断发展壮大的中国特色社会主义事业，生动地讲好思政课，增强大学生的认同感和归属感；讲好马克思主义认识论与方法论，让广大受教育者真知、真信、真行。此外，思想政治教育课程应始终以大学生为主要讲授目标对象，在教学内容选取方面也应有一定针对性，同时必须遵循大学生的成长规律，适应他们多样化发展的要求，让大学生所获得的思想政治教育内容能满足他们的兴趣和需求，在教学的过程中能使大学生积极参与相关内容的交流与互动，让大学生对所教的内容信得过、接受得了，并内化于心，外化于行。

6.1.3 创新教学方法，适应新的变化

创新教学方法，提升亲和力是加强思想政治教育的有效手段之一。增强亲和力的重点是创新，也就是贴近学生的性格特征，贴近学生的兴趣爱好，贴近学生的学习生活。思想教育课程必须贴合大学生思想政治教育实践，遵循理论课堂教学基本要求、思想素质教育基本要求。通过改革与创新，推动思想理念、教学内容与教学方法的革新，努力提高思政课课堂教学的时代感和实效性。教学方法是主客体关系的隐性载体，其革新一定要紧密围绕实际情况展开。在高等院校的思想政治教育中，教学方法的创新应结合百年未有之大变局、大调整、大发展的最新情况，始终聚焦新媒体“轻传播”环境下不断提升大学生思想政治教育有效性的目标，为实现中华民族伟大复兴培养源源不断的杰出人才。

1. 坚持以学生为主体的思想政治教育传播

传统的思想政治教育在现代大学生思想政治教育中仍发挥着铸魂育人的主渠道作用，但新媒体“轻传播”时代的到来，在教育理念、方式方法等方面给传

统思想政治教育带来了重大变革与影响，因此其育人效果也遇到挑战。从传播学角度来看，大学生思想政治教育活动是一种特殊的传播活动，教师是教育信息的传播者，同时也是接受者。大学生是思想政治教育的接受者，但有时也是传播者。在信息横流的新媒体“轻传播”环境下，大学生获得的有价值信息的渠道多元化，再加上大学生更容易接受新事物，所以往往会出现学生比老师了解得早、懂得多的尴尬局面。由此不难看出，在新媒体“轻传播”环境下，教育者的权威性受到了挑战，学生的个性化发展需要得到满足。为此，整个大学生思想政治教育传播活动需要始终坚持以教师为主导和学生为主体的原则，教育者要主动融入新媒体“轻传播”的大环境，注重“轻传播”、“厚内容”，提升教育者的权威性，不断满足大学生全面发展的需求。一是要创新教育理念，坚持一切为了学生，整个教育教学活动都要以学生为中心。在语言的交流中让学生感受到关爱、和谐的师生关系，让学生在一个自由、宽松的氛围里接受思想政治教育。二是作为教育者不仅要有雄厚的理论知识，也要有较高的媒介素养，时常关注大学生感兴趣的网络热点和话题，这是实现大学生思想政治教育有效性的前提。三是要革新教育方法与手段。要想在新媒体“轻传播”环境下做好大学生思想政治教育工作，就必须把新媒体“轻传播”的技术与方法融入思想政治教育教学中，发挥其传播性强、交互性高的优势，促使受教育者在潜移默化中接受教育者传播的思想政治教育信息内容，从而达到提升大学生思想政治教育有效性的目的。

2. 提高信息传播者媒介素养

在新媒体“轻传播”大环境下，思想政治教育工作要因势而动，顺势而为。要认清在网络和大数据时代，各种新媒体已经成为话语权竞争的主战场、思想舆论工作争夺的主阵地。为了适应这一变化，教育工作者要加紧提高媒介素养，不仅要建立互联网思维，还要学会传统媒体与新媒体的融合、多种媒体的融合，走出创新之路。高校教育工作者应结合自己的教学实际吸收“翻转课堂”等先进经验，跟上时代步伐，提高思想政治教育的质量和有效性。新媒体正在改变大学生的学习和生活方式，成为社会主义核心价值观培育和践行的重要阵地，教育工作者要适应意识形态领域斗争复杂、矛盾尖锐的新形势，增强阵地意识。一方面高校需要积极进行思想政治教育信息传播队伍的网络素养培训工作，如开展“微信培训班”，组织新媒体技能大赛等；另一方面信息传播者在提高媒介素养的基础上，也要成为意见领袖或舆论领袖，增强忧患意识。此外，还可以联合计算机专业人才，开发或应用大学生思想舆情大数据，分析大学生思潮和认知，构建社会主义核心价值观养成教育的长效机制，巩固马克思主义在意识形态领域的指导地位。

要做好大学生思想政治教育工作，还需要高度重视新媒体网络语言的应用，善于把书面用语转化成新媒体网络语言，确保在整个思想政治教育传播活动中，教育者与学生始终在同一个频道，拥有广泛的共同语言，这是提升大学生思想政治教育有效性的重要条件。为此，一方面，教育者自己要熟悉新媒体，要努力提高新媒体网络语言表达的趣味性。我国学者张春贵提出，在新媒体“轻传播”大环境下，宣传内容和方式要符合青少年的欣赏习惯，比如使用表情包、播放动画视频，又或者使用“社会主义有点潮”这样的语言或俏皮的名称进行宣教。富有趣味性、俏皮的话语不仅可以充分调动大学生接受教育的兴趣，还可以形成轻松愉快的教学氛围，推动和谐师生关系的形成。另一方面，教育者要注重将马克思主义理论专业话语有效转化为深受大学生喜爱的网络话语。新媒体“轻传播”环境下，做好大学生思想政治教育工作，努力提升思想政治教育的有效性，要坚持马克思主义理论的指导，不断向大学生传播马克思主义真理，使他们内化于心，外化于行，争当马克思主义的信仰者、传播者和实践者。然而，由于马克思主义理论专业性强，教育者若直接把马克思经典著作的文字内容传播给学生，则很难达到预期的思想政治教育效果和目的。因此，需要利用一些新媒体时尚的网络用语进行适当转换，如“马克思是 90 后”等，以提升思想政治教育的吸引力和感染力，从而达到提升思想政治教育有效性的目的。

3. 开展针对性、趣味性强的智媒线上教学模式

思想政治理论课在思想政治教育活动中始终发挥着主渠道作用，为了进一步巩固其地位，更好地发挥其铸魂育人的作用，需要与新媒体“轻传播”大环境深入结合，努力打造一个针对性、趣味性强的智媒线上教学模式。随着网络智媒的发展，各种课程都在尝试线上教学，说明线上教学优势明显，其优势体现在：教师可以借用多种线上教学平台对学生进行直播教学，并通过大数据及时掌握学生的思想状态和学习行为，实现全程育人；学生可以不受时间和地点的限制，接受快捷实时的教育，实现全员育人；教师可以根据学生的需求及时调

整教学内容，进行可视化、个性化教育，实现全方位育人。比如，由于大数据化，线上教学可以全程掌握学生在线学习的状态，具体而言：当学生进入视频学习时，点击了快进或暂停按钮，又或是在视频学习结束前提前下线，这些数据信息都会留存下来，反映出学生在线上课堂的早退情况。若发现学生反复回看某一段视频，则表明学生对该段视频教学内容掌握不够，我们可以通过智能技术及时发现问题，并通过调整学习内容、革新教学方法等措施来及时改进线上教学，不断提高思政课教学水平。

6.2　优化传播媒介，创新管理机制

教育传播媒介是教育传播者和受教育者沟通的“桥梁”，是影响中国大学生思想政治教育宣传成效的关键因素之一。传播者对传播媒介的选择和使用，不仅关乎宣传内容的正确表述与清晰表达，也直接影响到信息内容传递过程的顺利进行，同时还需考虑是否符合受众信息接收的媒介使用习惯等。所以，在思想政治教育宣传中应选用合适的媒体开展教育宣传活动，以增强教育宣传的实效性。

6.2.1　打造有效载体，提升传播力

思想政治教育目标的实现离不开一定的有效教育载体，它是思想政治教育的要素之一。新媒体网络技术的快速发展，给大学生思想政治教育教学工作带来了深刻影响，特别是青年大学生获取信息的能力大大增强，教育者的权威性则受到了挑战，传统思想政治教育载体模式也暴露出不足。因此，要做好新媒体“轻传播”环境下大学生思想政治教育工作，就必须与时俱进、锐意进取，充分利用新媒体、新技术打造更多有效的教育载体，不断提升思想政治教育的传播力，实现高校立德树人、铸魂育人的根本目标。

1. 利用网络媒介，打造教育新载体

以数字化为依托的新媒体网络技术快速发展，给世界各个领域带来了重要影响，深刻改变了人们的思维方式、生活方式和学习方式，也给高校大学生思

想政治教育工作带来了重大机遇。习近平总书记指出：“我国高等教育肩负着培养德智体美劳全面发展的社会主义事业建设者和接班人的重大任务。”可见，高校使命光荣，责任重大。为此，高校要积极面对当代大学生思想政治教育的新情况、新问题，主动融入新媒体“轻传播”时代之中，充分利用新媒体网络载体，打造线上学习平台，如超星的学习通平台、腾讯会议平台、QQ 群课堂等，形成一个坚定、有效的线上思政课全新平台，将之作为线下思政课教学的重要补充与延伸。

2. 用活“微载体”，激发思想政治教育感染力

微载体一般是指以微信、微博、微电影、微视频作为教育载体来完成教学任务，实现教育目标。高校大学生思想政治教育工作需要用活“微载体”，激发思想政治教育感染力。习近平总书记指出：“思政课是落实立德树人根本任务的关键课程，思政课的作用不可替代。”可见，思政课在大学生思想政治教育工作中地位突出，影响重大。然而，由于新媒体网络技术的迅猛发展，思想政治教育的环境发生了深刻变化，给思政课带来了重大影响。因此，思政课教师要借用微电影、微视频等“微载体”融入思政课教学，通过微电影、微视频里面的故事情节进行启发式教学，丰富教学内容，创新教学方法，有效提升思想政治教育的实效性。此外，在思想政治教育的具体工作当中，也可以利用微信、微博等“微载体”与大学生进行沟通与交流，及时了解学生的思想情况、生活情况和学习状况，为学生的全面发展保驾护航。

6.2.2　发挥“轻传播”优势，提升大学生思想政治教育有效性

在如今新媒体“轻传播”时代里，我国数字化进程正在全面展开，在数字“轻传播”场域下，传统媒体“重传播”范式已逐步被淘汰，我们必须根据数字技术发展的要求，顺应数字化社会发展趋势，对高校的思想政治教育进行科学合理的创新与发展，进一步增强思政育人的有效性，为此，必须实现以下转变：

1. 从单向传播向多向数字传播转变

传统媒体机制是政府性的科层式治理，它是一种“自上而下”的由少数资源

控制者控制主导的传播过程，平台载体简单，信息由传者向受者单向流动。这种传播方式通过媒体控制、信息控制、内容控制来达到传播目的，其特点是传者的集中性、内容的同一性、时间的统一性。然而，面对数字媒体的发展，传统单向“皮下注射”传播范式已难以取得预期传播效果，为做好新时代高校大学生思想政治教育传播工作，我们必须进行新传播方式的探索。数字媒体具有自主性、扁平性、隐蔽性、病毒性传播的特点，运用传统传播控制的方式很难达到效果。在数字传播环境下，我们完全可以针对不同大学生进行精准传播，应用大数据手段掌握与分析个人或圈群行为，运用不同媒介进行多样化数字传播。因为数字传播速度快，更适合工作生活快节奏环境下的传播，所以可以利用数字媒介形成一对一的、个性鲜明的数字传播，以提升“轻传播”思想政治教育传播的效果。当下流行的短视频就是一事一播，传播及时，叙事集中，场域广泛，反复推送，全程传播，形成数字传播效能的整体合力，实现全员互动。这种由广大用户智慧和力量主导的网络传播体系，是群防群治，能实现双向互动和多向互动式的传播，其传播效果更加明显。我们完全可以利用诸如微信中的“朋友圈”“微信群”“微信公众平台”等，向大学生群体进行思想政治教育内容的协同数字传播，推动校群、圈层互动，将平台拥有的数据资源转化为重要的传播工作资源，以促进大学生受众的需求与传播资源的最优连接，积极回应大学生的需求，促进思政育人有效性的提升。

2. 从传统传播控制向数字传播引导转变

习近平总书记在2016年党的新闻舆论工作座谈会上提出：“要创新方法手段，切实提高党的新闻舆论传播力、引导力、影响力、公信力。”由此可知，习近平总书记讲的不是如何控制新媒体网络，而是根据数字媒体的传播规律，创新传播办法，发挥因势利导的传播功能，避免传统“重传播”那种“防”“堵”方式。当前要做好大学生思想政治教育，需要利用最新的教育传播工具、方法和模式，跟上时代步伐，创新手段、创新方法、创新内容，充分利用数字全媒体进行传播引导，才能产生“四力”传播的效果。这要求我们从传统传播控制方式向数字传播引导方式转变，运用数字技术提升大学生思想政治教育传播的针对性和有效性。虽然思想政治教育传播内容都比较“重”，但重视“轻传播”的数字传播，并不会放弃内容生产的深度，而是让传播内容能深入浅出、举重若轻，这样反而会取得传统传播方式所起不到的明显效果，完全可以达到“以轻带重”的教学目标。在高校思想政治教育方面要始终坚持以正面宣教为主，这是不可动摇的宣教原则。但在数字时代，宣传工作一定要根据时刻变化的传播环境，“把握好时、度、效，增强吸引力和感染力”。我们完全可以通过数字全媒体平台，把思想政治教育传播内容渗透到各个领域和教育的各个环节，建立起数字传播数据库，将 App、微信、短视频等载体融入传播，精准及时地了解大学生的所想所为所求，传递量身打造的有针对性的思想政治教育内容，及时进行双向互动，以提升智慧传播效率。

3. 从单媒体传播向全媒体数字传播转变

传统传播媒体使用方式单一，主要利用报纸、广播、电视等大众传媒进行传播。在过去的媒介环境下，这种传播方式能取得一定的效果，但随着数字网络的快速发展，传统“重传播”的传播方式效果在明显减弱。近年来，数字全媒体正在崛起，信息全媒介无所不及、随处可见，达到了大众化普及的程度，“出现了全程媒体、全息媒体、全员媒体、全效媒体……导致舆论生态、媒体格局、传播方式发生深刻变化”，传统传播方式正面临巨大挑战。在新形势面前，中国高校的大学生思想政治教育传播者们应该紧随时代步伐，充分利用“四全”媒体，做好数字传播，将传统传播的“重传播”转变为数字传播的“轻传播”。全媒体是一种分散性的、多点式的传播，呈现多样化、分散化和碎片化特点，用户随时随地都在传播，即当今人们的生活节奏加快，手机已成为用户黏性最大的媒介，用户随时随地都在手机屏幕上“滚动摩擦”。基于此，若要抓好新型宣传媒体环境下的高校大学生思想政治教育工作，千方百计提高学校思想政治教育的有效性，我们必须针对现实的传播状况，改变传播方式，才可让传播内容“随风潜入夜”，做到“润物细无声”的思想政治教育传播效果。比如，讲述咖啡故事的短片《一杯咖啡里的脱贫故事》，虽然很短，但是在海内外社交媒体上已经刷屏，为云南咖啡走向世界树立了典范。由于影片语言清新感人，画面流畅自然，中国外交部发言人华春莹、赵立坚和我国驻南非大使陈晓东，以及我国驻美大使馆的官微账号等都争相转载。许多中外网民都认为，这是一个中西文化碰撞的感人事件，要为中国人的远见与力量点赞，更欢迎和世人共享我们的精神风貌。该事件充分利用数字媒体进行“轻传播”，最终实现了全面传播。受众看到的虽然是一杯咖啡的故事，但更能潜移默化地感受到党的十八大以来，以习近平同志为核心的党中央对内实施的精准脱贫政策和对外实施的“人类命运共同体”文化外交与合作理念。这样的“轻传播”，能让人民不断提升自信心和幸福感，同时通过数字“轻传播”，也让中国声音传遍全世界，不断提升中国的正面形象。总之，数字新媒体时代，大学生思想政治教育传播需要不断地更新传播的方式，传播内容、传播渠道等方面也要不断寻求新突破，而重视数字传播，能促使数字时代大学生思想政治教育传播工作创新发展。面对“轻传播”格局，国家更要加强法制法规等硬措施，强化媒介环境的管理与治理，规范数字传播的正向传播引领作用，以更好地服务于社会，为大学生使用新媒体塑造一个良好的媒体生态环境。

4. 从内容灌输向数字媒介素养提升转变

传统“重传播”内容的真理性、科学性和先进性并不代表其传播的有效性，要实现有效传播，在数字新媒体“轻传播”时代里，传播内容必须内嵌于受众的精神生活之中，外化于受众的媒介生活之上。这就要求，一方面，传播者必须不断创新话语表达方式，多用人民喜闻乐见的大众话语展开传播，做到内容和形式的通俗易懂。习近平总书记就特别善用老百姓的话语来传播信息，如他说的“幸福都是奋斗出来的”“撸起袖子加油干”等很接地气的语言，既平易近人又意味深长，这种话语的表达更能让“重”内容“飞入寻常百姓家”。这就要求我们在做高校大学生思想政治教育传播工作时，也要随着传播环境的变化，改变传统的抽象说教、简单灌输，扩散数字媒体传播的效果，提高数字媒体传播的触达率，使重要内容入脑入心。另一方面，要重视大众“数字媒介素养”教育。在数字“轻传播”环境下，传统“把关人”缺失，要利用好“轻”数字传播，就要重视大众“数字素养”的提升，让大众充分了解数字社会的传播规律，消解媒介信息带来的异化。只有大众媒介素养、数字素养得到提升，传播出有思想、有价值的信息，数字媒体传播才能发挥其重要引导作用。随着数字媒介的发展，社交媒体、自媒体日益成为人们日常生活的重要媒介，大学生由过去的“受众”成为当今的“传者”，人人都有“麦克风”的现状赋予了自媒体巨大的传播力和影响力。在这种数字传播环境下，引领社会舆论、凝聚社会共识的难度有所加大，这就要求我们高度重视传播导向模式的重构工作，必须把中国传统文化知识的单向传递模式转化为双向互动模式，从线下转向线上线下相结合。大学生是新媒体的主要用户，是大众的主要代表者。而宣传人的素养很大程度上影响着宣传产品的质量和效益，因此大众数字素养的提升是传播的关键。我们要引导大众学习信息知识，把握数字传播的逻辑和规律，不断提升他们对媒介信息的认知能力、判断能力、评价能力、接受能力，以及运用和传播媒介信息的能力，以实现数字传播的大众化。

6.3 尊重大学生的主体性，提高思想政治教育“轻传播”的有效性

在数字传播时代，面对传统宣教“重传播”效果减弱的情境，守正创新，充分发挥数字传播的优势，就显得尤为重要。因此，做好高校大学生思想政治教育事业，我们必须主动转换思维，改变思想政治教育的方法，充分利用现代新媒体技术，把握数字传播的规律，顺势而为，充分发挥数字传播的优势，在“轻”数字传播过程中，让“轻传播”“厚理论”更好地服务于高校大学生思想政治教育工作。而对大学生开展思想政治教育的目的就是要使他们形成符合社会发展要求的思想品德，从而为社会进步作贡献。可见，有效传播思想政治教育信息是做好大学生思想政治教育的重要前提，这就决定了思想政治教育传播工作的展开对象和最终落脚点必须是信息传播的受众——大学生。思想政治教育理论“轻传播”到底“轻不轻”，最终还要看大学生（受众）“亲不亲”，能不能让其产生共鸣。大学生自带新媒体网络基因，流淌着新媒体网络的血液，讲着新媒体网络的专业语言。他们崇尚轻松、自由、个性，不想承受无比沉重的意识形态负担，同时他们需要对世界有更独立的判断，这都需要思想政治教育工作者更加勇敢一点，拿出真正的创新精神，将思想政治教育理论植入大学生内心，让大学生真正成为有思想的一代，成为民族复兴的中流砥柱。可见，大学生是否接受思想政治教育传输的内容以及接受程度如何，是决定传播活动成败的关键。正如中国知名传播学大咖邵培仁教授所说：“信息的接收者是信息传播的重要的组成部分，是决定是否存在传播行为和目的的必要的基础。”传播学与认知心理学中的相关研究都已经表明，受众会对信息进行选择性接受。因此，在新媒体“轻传播”的大环境下，开展有效的传播活动必须抓住和掌握受众的选择性心理和规律，提高被

选择率和接受率。

6.3.1 积极开展新媒体理论与实践教学，满足大学生个性化、全面化发展需求

习近平总书记指出：“做好高校思想政治工作，要因事而化、因时而进、因事而新。”新媒体的迅猛发展与普及，给社会各个领域带来了深刻变化，也给高校思想政治教育工作带来了重大影响。因此，要想做好新形势下高校思想政治教育工作，必须与时代同步，积极面对新媒体“轻传播”环境下高校大学生思想政治教育工作的新问题、新挑战，努力开展好新媒体理论与实践教学，不断提升大学生的媒介素养和实操能力，并充分利用新媒体的技术优势开展形式多样的思想政治教育，满足大学生个性化、全面化发展的需求。

1. 开展好新媒体基础课程教学，满足大学生提升媒介素养的需求

媒介素养的英文是“media literacy”，其内涵在传统意义上的解释是读写的能力，在现代社会中，这一定义也在不断发生变化和拓展。媒体素养新的定义是指人们在大众媒体环境之中获取和理解信息的能力和素质，详细来讲就是人们选择大众媒介获得有价值的信息，并对所获得的信息内容进行鉴别和传播推送。随着数字技术的快速发展，人类进入新媒体时代，人们的生产与生活都发生了重大变化。为了全面提升人们的基本媒介素养，特别是对新媒体的认知与操作应用能力，在全社会开展媒介素养教育活动，提高公民的媒介素养无可厚非。在新媒体“轻传播”时代，每个人都是信息的生产者、感知者、接受者和传输者。新媒体的开放性和隐匿性，致使各种鱼龙混杂、低俗伪真的信息留存在新媒体网络里，严重影响着人们的思想，特别是毒害青少年。而造成此类现象的原因主要是：一是网络监管存在漏洞，让一些低俗、不健康的内容在新媒体网络平台散播；二是一些“网络大V”为了博取流量，在新媒体网络里蓄意捏造事实、夸大其词，散播流言蜚语，带入“后真相”时代；三是西方某些政客蓄意对中国发动意识形态领域的攻击，企图影响并控制青年的思想。青年兴，则国家兴；青年强，则国家强。青年大学生是国家后续发展的生力军。因此，必须做好新媒体“轻传播”环境下青年大学生的思想政治教育工作，回应青年大学生的需求点，引导大学生树立正确的价值理念，探索思想政治教育的有效模式，

精准落实，突破局限性，不断进行创新。此外，高校要主动融入新媒体“轻传播”的大时代，并为在校大学生开设系统的媒介素养基础课程，努力提高其媒介基础知识与实操能力。关于学校层面如何开展媒介素养基础课程教育，应该从以下几个方面着手：第一，学校领导要高度重视，并为开设媒介素养教育课程提供有力支持和必要保障；第二，要对全校学生做好媒介素养教育重要性的宏观宣传，从理念上高度重视媒体知识；第三，做好媒介素养教学，关键在于教师，要充分发挥教师的主动性与创造性，加强专业教师的人才引进及队伍建设；第四，要不断完善媒介素养教育的相关制度，并有效监督制度的落地。总之，高校应特别重视大学生的媒体素养教育，将其归入人才培养系统的战略工程之中，想方设法提高大学生媒体素养的基础知识和操作应用能力，以适应新媒体“轻传播”时代发展的需要。

2. 利用新媒体开展思想政治工作，满足大学生全面发展需求

新媒体“轻传播”环境下，新媒体传播内容丰富，有政治、经济、教育、社交、娱乐等各个方面内容，能满足大学生个性化发展的需求。新媒体由于具有开放性、自由性和隐匿性等特点，深受大学生的喜爱，已经是当代大学生学习和生活、社交的主要模式，大学生可以从网络平台获取信息，从中获得有价值的信息，也可以积极参加网络热点的大讨论，发表来自内心的言语与评论，更可以将信息即时传播到世界每个角落。新媒体的特点与优势给青年大学生的成长成才带来了重大机遇，同时也给他们的思想引领与价值观把控带来了诸多挑战。由于新媒体具有开放性、自由性和隐匿性等特点，信息在新媒体网络爆炸式传播，同时错误的、低俗的等不符合社会主义核心价值观的信息也在新媒体网络平台肆意传播，这些信息参差不齐、鱼龙混杂，给青年大学生的价值观养成与思想品德塑造造成了不利影响。习近平总书记多次强调：“学校要旗帜鲜明加强思想政治教育、品德教育，加强社会主义核心价值观教育，引导学生自尊、自信、自立、自强。”因此，首先，高校教育者要适应新媒体“轻传播”时代，不断丰富新媒体素养基础理论知识，提升实践操作能力，这是新形势下展现高校育人功能，做好大学生思想政治教育的重要前提。其次，高校教育者要及时关注新媒体网络热点资讯，通过新媒体网络构建与学生沟通交流的新模式，并全面了解大学生的心理状况，帮助大学生解决日常生活与学习过程中遇到的困难和问题，使其心情愉快地生活与学习，助力思想政治教育工作。最后，高校教育者要在与青年大学生的交流互动过程中，注重教育大学生鉴别新媒体网络的真假消息，防止思想滑坡、行动受阻，让大学生深刻认识到教育者是与他们零距离的，是他们的知音与知己，从而提升大学生对教育工作者的信任度，使教育工作者传播的思想政治教育信息可以被有效接受。总之，做好新媒体“轻传播”环境下高校大学生思想政治教育创新的重点是坚持将历史和时代相融合。一方面，要继承我党自成立以来优秀的思想政治教育传统，更要重视吸收四十年改革开放取得的思想政治教育方面的成果和经验，为新时代思想政治教育提供理论支撑和实践经验。另一方面，要坚持与时俱进，关注现代社会的特质。现代社会发展更加迅速，信息传播瞬息万变，只有新的思想和理论方可在现代的信息时代存在并留下印记。随着信息科技的发展，新媒体及信息化快速发展，各种网络信息给人们的观念和思想造成了各种影响。尤其是对大学生而言，他们年轻、富有活力，有许多积极的想法，接受新事物能力颇为强大，更容易获得新思路和想法。因此，作为高校思想政治教育的主干道，思想政治课教学必须紧跟时代脉搏，做到与时俱进，不断更新育人理念，运用新的教学方法，实现实时化、智能化、个性化、可视化、数据化教学。只有与时代同行，才能开辟新的教学模式，增强思想政治教育的趣味性和感染力，才能将思政课融入现实，使之富有生命力，方可提升高校思想政治教育的实效性。在思政课教学以外，教育者要多利用QQ、微信、短视频等新媒体网络平台进行高效的互动与沟通，让大学生时刻感受到关爱与温暖，不断满足大学生个性化发展的需求，为培育合格的新时代中国特色社会主义的建设人才而努力奋斗。

3. 坚持理论与实践、主导与主体相统一原则，积极满足大学生个性化发展需求

数字技术的快速发展改变了整个传播方式，传统传播的“重”被数字传播的“轻”替换，一种全新的新媒体“轻传播”方式出现在我们面前，使得几乎所有领域都在走向数字化，传播方式也越来越趋向轻微化。在新媒体“轻传播”的时代，教育者必须清醒意识到，大学生思想政治教育工作必须积极直面新的挑战，主动适应新媒体“轻传播”技术带来的变革，改变传统的传播方式，重视传播的数字化和科学化，才能使大学生思想政治教育工作取得更佳的效果，以满足大学生个性化发展的需要。所以，做好大学生思想政治教育，提高思想政治教育的实效性，满足大学生成长需要，需要坚持理论与实践相结合、主体性与

主导性相结合的原则。一是理论与实践相结合。习近平总书记指出：“要坚持理论性和实践性相统一，重视思政课的实践性把思政课小课堂同社会大课堂结合起来，教育引导学生立鸿鹄志，做奋斗者。”在信息大爆炸的新媒体“轻传播”时代，高校思政课教学必须主动适应“重理论”“轻传播”的智媒环境，再结合教师的个人内在素养、思政课程的性质以及大学生教育成长规律，思想政治课改革创新必须坚持理论结合实践的基本原则。一方面，需要深入探讨思政教学的理论知识，用科学的理论来引导教学，从学术理论方面进行系统性的设计，从而形成完整的课程体系，并且符合理论逻辑，不断地升华以及完整地诠释思想政治教育的理论；另一方面，思想政治课改革要时刻注重实践。改革基于实践，也必须回归到实践之中，才能获得蓬勃的生命力。要使思政课教学充满活力，让思想政治教育课堂“动”起来“活”起来，让思想政治教育既走心又受大学生欢迎，必须以习近平新时代中国特色社会主义建设大局为出发点，追溯高校思想政治教育发展脉络的实践历程，做到以学生为本，以学生为中心，深入现实生活，进入大学生的内在世界。高校思想政治教育是一项应用性和实践性都很强的工作。高校思想政治教育改革要稳扎实践，深入一线教学，关注问题，挖掘问题，深入思考并解决问题，探索新媒体时代高校思想政治教育的新模式和新方法。二是将主体和主导二者相统一。新媒体“轻传播”时代，主导性与主体性是否统一是思政教学的根本，主体性是指以学生为学习主体，主导性是指教师作为课堂和学习的主要引导者。要运用新媒体和“轻传播”技术，满足学生多元化、多层次和个性化的需求，培育更多的社会主义建设人才。不可否认的是，思政教师作为思想政治教育的执行主体，发挥教师的主动性、创造性和积极性至关重要。思政课的价值塑造、知识传授、能力培养、素质提升的功能都需要通过思政课教师主导的教学活动来彰显；而学生是学习主体，也需要通过社会实践和社会认知方可真正完成对知识的掌握以及合理的运用，从而全面提高学生的德、智、体、美、劳的综合素质，并且使之树立正确的价值观和社会观、人生观、道德观。青少年阶段是“拔节孕穗”的最重要的时期，需要十分耐心地加以引导和培育。思政教师要指引他们认真扣好其人生的“第一粒扣子”，让他们与正确的价值观相知相伴，从而为他们今后的人生之路，为他们的长期发展和终身幸福奠定命运的基石。要立足于实际，全方位切实履行大学生思想政治教育的主体职责，充分发挥学生学习思政课的主观能动性，思政教师要利用新媒体平台，充分发挥其在思政学习中的引导作用，真正把思政课打造成素质提升、价值塑造、能力培养、知识传授的黄金课程，使得思政课有高度、有温度、有深度。同时，除了思政课外，还要在生活与学习中借用新媒体网络平台与大学生进行有效交流与沟通，提供力所能及的关爱与帮助，满足大学生个性化发展的需求。

6.3.2 多措并举，提升思政育人的有效性

习近平总书记在关于如何做好高校思想政治教育工作的论述中指出：“思想政治工作必须围绕学生、关照学生、服务学生，不断提高学生思想水平、政治觉悟、道德品质、文化素养，让学生成为德才兼备、全面发展的人才。”从总书记的讲话中可以得知，大学生思想政治教育应该坚持以学生为本，坚持以学生为中心和主体，时刻关注学生，关注他们的学习和生活，特别是需要关注大学生的内心情感需求和心理状态，及时调节不良心理因素，使大学生保持健康向上的情感状态和意志品质，培育大学生坚强不屈的意志，不断增强思想政治教育的效果和获得感。

1. 强化高校思想政治教育的服务理念

新媒体具有多样化、自由性、开放性等特点，同时它还拥有平民化、低门槛、碎片化、通俗化及社交化等“轻传播”的优势，促使广大青年大学生人人手握麦克风，人人是信息的制造者与接受者，充分融入新媒体“轻传播”的时代里。在此新环境下，每个大学生都具有浓厚的自我意识和强烈的自由、民主和平等的权利要求，对于网络媒体的热点话题积极参与并主动评论。由于新媒体的开放性特点，世界每个人都可以利用新媒体网络传播内容与接收信息，这一方面让每个人都可以利用新媒体网络及时关注世界发展的最新动态；另一方面也给国际不良信息的传播提供了平台与机会。他们针对社会热点问题，故意扭曲事实，放大报道，疯狂推送，给青年大学生的优良意志品质的塑造与健康心理的养成造成了巨大冲击。因此，高校的思想政治教育应以服务理念为导向，紧密联系大学生的生活实际，贴近大学生的思想和情感，及时洞察学生的心理，防止心理问题的发生。同时在教育过程中，要注重解决大学生的思想、学习、生活交往、情感控制、择业等实际困难，将大学生思想政治教育落实到理解和关怀的基点上，以此增强大学生思想政治教育的吸引力和感染力。我们应

该时刻把握大学生的思想活动，关注提升他们的品质和意志，引导他们保持健康心理和良好情绪，磨炼服务于党和国家坚定的意志品质，勇做有理想、有本事、有担当的时代青年。

一方面，利用新媒体开展“轻传播”，及时与他人沟通交流。在 2016 年，习近平总书记就大学生的思想教育工作作出了重要的指示：各大高校要与时代同步，借助新兴的智能媒介和新技术大力推进大学生思想政治教育工作。在当下社会，新媒体日益影响着大学生的思想观念与行为实践。大学生倾心于在新媒体移动终端发表个人自由的意见，这使得校园信息传播出现多元化、开放化、个性化等特点。教师需要利用智能媒体的新技术全面采集教学相关数据（包括学生数据、数据反馈等），以了解和掌握学生动态，实施有针对性的教学。以前，我们对大学生的了解渠道十分单一，这样获得的数据结果相对片面，也不够及时，影响了思想政治教育的育人效果。在新媒体“轻传播”时代，大数据技术的问世，为把握思想政治课教学对象提供了科学的重要工具。通过智能媒体技术，我们可以对大学生的日常行为和思维状态进行视觉跟踪、智能检测、实时反馈，从而生动、深入、全面地了解思政课的教学对象。在新媒体环境下，每个大学生都会在不经意间留下行为数据，如消费支付、考试结果、基本身份、互联网浏览、社交媒体等。通过对对这些数据的深入分析，我们可以准确掌握每个大学生的学习、社交、兴趣、思想等方面需求，并以此作为参考来创新思想政治教育的手段和方法。另一方面，大学生可以利用微信、QQ 及短视频等新媒体社交平台进行沟通与交流。由于新媒体具有隐匿性等特点，避免了见面无话可说的尴尬局面，大学生可以在新媒体网络里进行情感、学习与烦恼的倾诉，及时舒缓心理压力和改善不良情绪。此外，学校还可以组织形式多样的社团活动，让同学们在参与活动时多沟通与交流，及时排解繁重的学习与生活压力，让自己带着轻松愉快的心情投入学习与生活中去。

2. 塑造大学生的主体意识和完美政治人格

新媒体的普及极大地便利了大学生参政议政，激发了其对政治参与的无限热情，但要使大学生有序参与时事政治的讨论，高校还应适时对大学生予以正确引导，提高大学生在新媒体“轻传播”环境下政治参与的主体意识，使他们可以利用网络参与到政治生活中，发表自己的认识和看法，用他们的聪明才智和创新思想活跃网络社会的参政环境。新媒体“轻传播”环境下，大学生的主体意识表现，一是对网络政治参与的民主意识，二是对网络政治参与的自律意识。只有两者结合，才能达到新媒体环境下的政治有序。培养大学生的主体意识需要从以下方面入手：第一，用先进的道德思想观念占领新媒体环境中的网络宣传阵地。互联网是宣传先进思想和科学理论的新平台，也是帮助大学生提高大学生思想素质、树立正确价值理念的新领域。因此，高校要建设好校园网络和网站，可增设一些新栏目，如“思想道德观念”专栏，传承中华文化，传播社会主旋律思想，有效引导大学生接受网络道德教育，提高他们网络政治参与的民主意识。第二，加强法制教育，树立自律意识，培养责任意识。树立良好的网络道德，提高自身网络素养，塑造健全人格。在帮助大学生掌握科学方法论的同时，培养学生自我监督、自我管理、自我负责的意识和能力，引导学生提高对网络信息的是非甄选能力。在加强大学生明辨网络政治信息能力的同时，教育他们不要利用自身技术技能在新媒体上从事非法活动，要自觉遵守网络道德规范。大学生作为一种利益主体，在新媒体环境中可以独立自主地按照自己的意志做出正确的政治判断和选择，并积累网络政治参与取得的效果。这一过程会潜移默化地促使大学生形成稳定的政治信念，而这不仅意味着大学生政治主体意识的觉醒和政治心理的成熟，也说明大学生的独立政治人格正在逐步形成。

大学生在校学习过程中难免会遇到各种问题和意想不到的挫折与困难。学生的抗挫折能力有强弱差异，这是因为家庭教育不同，个人成长不一，加之过去所接受的教育一定程度上忽视了对其意志磨炼的教育。所以，当学生遭受挫折之时，极易心神不宁和焦躁不安，长期被不良情绪困扰而难以自拔，甚至有些会逐渐边缘化，后果很严重。那么，怎样正确感知学生遭受挫折的表现，追溯其发生的根本原因？怎样处理他们的思想困惑？怎样指导他们走向正途？怎样排解他们内心负面情绪并降至最低？怎样发挥他们的主观能动性？怎样促使他们在战胜挫折后奋勇前进？这就对高校思想政治教育工作者提出了新的要求和任务，那就是需要开展挫折教育。利用挫折教育，我们可以培育学生抵抗和承受挫折的能力。这样，当他们遇到挫折时，不仅他们的行为和心理不会发生异常状况，而且他们将能够直面挫折、战胜困难，并采取积极、进步和明智的心理机制来克服挫折并取得成功。坚强意志力的形成过程对于学生自控能力的养成非常重要，并且是学生养成积极的情绪，从而影响个人认知的一个过程，需要克服思想政治教育过程中所遇到的困难和排斥心理，更好地达到对信息的反映和择取、整合和内化，并最终将思想政治教育内容外化于行。为此，我们可以着重通过以下几个方面来提升大学生的意志力：一是通过高校开展的各类活动和课程，增强学生的自信、自立心理。比如，学习历史，还可结合当下的重大事件，如在党的发展历程中出现了众多感人的事迹，在社会主义建设初期，中国共产党排除万难，凭借坚强的意志，始终胸怀坚定信仰，最终取得了胜利的过程；弘扬红岩精神，赓续红色基因，从而生动地对大学生进行心理上和认知上的教育等。高校思想政治教育工作者要多与家长沟通交流，及时把学生在学校的学习与生活情况反映给家长。同时，应该密切地与学生的家长进行互动，邀请家长和学校一起关注孩子的思想状况，并且也需要让家长同时意识到在培养孩子的过程中，家庭教育的重要性，家校统一配合对于学生思想教育的重要性，从而让他们积极地投入与学校共同培育学生的活动中，承担更多的教育责任，成为学校教育的伙伴和助手，并且积极地鼓励大学生在假期走入社会，进行广泛的社会实践活动，充分发挥学生的主观能动性，引导学生在社会实践中进行对比和反思，从而对自己的人生观和价值观进行改造，这种自觉自愿的改造比起在课堂中纯理论的教学，可以取得更好的教育效果。学生通过自己的认知，可以更快地接收信息的传播，更好地理解马克思主义的理论知识，还可以在实践中升华自己的理论和思想，帮助自己提升思想素质，在人生道路上更好地成长，从而成为一个意志坚定、积极向上且坚韧不拔的人。更重要的是，在社会实践的过程中，学生可能会受到挫折和打击，这种挫折教育是必要的也是重要的，因为挫折教育可以更好地让学生学会反思，学会立足高位，培养大局观，培养坚韧不拔的意志力和自信心。如今，我们意识到学生坚强意志的培养就离不开挫折教育，因此高校的思想政治教育中需要不断优化思政课的建设，有效提升大学生思想政治教育的实效性，让思政课更加生动、更加形象。

3. 充分发挥“网络意见领袖”的建设性作用

“网络意见领袖”主要是指在网络里对网络热点问题发表评论和意见，并具有一定权威引领性的人。大学生“网络意见领袖”是在大学生网络群体中自发形成的，在学习、生活、情感等多个方面具有自己独到的见解，并可以将自己的思想有效传达给影响大学生群体生活和学习的人。大学生“网络意见领袖”可以代表大学生的价值观念、道德品质和心理素质的大致水准，他们同时还具有不一般的号召力和影响力，能发挥出征服和激励大学生的作用，因此，正确引导大学生网络意见领袖，可以有效化解一些突发性群体事件；基于网络意见领袖的舆论引导功能，对大学生网络意见领袖进行引导，可以提升高校对网络舆论的引导力。

意见领袖通常开社会之先河，在社会上产生巨大的影响，并且促进社会形态的变革，梁漱溟认为，“中国问题之解决，其发动以至于完成，都要靠其社会中的知识分子”。所以，我们应该充分认识意见领袖的极大影响力和其发挥的关键作用，要关注他们在网络中占据的主导作用，让他们真正成长为名副其实的思想者和社会精英。但是，由于网络舆论领袖的影响是极大的，所以，其性质可能是一把双刃剑，它可能是积极的、具有进步意义的，也可能是消极的、带有破坏性的。正因如此，网络公众人物应珍视而不是放纵自己的话语权，应积极引领公众正确认知社会现象，表达正能量的意见或观点，积极进行舆论纠偏，有效消解社会负面情绪，维护社会和谐稳定。为降低非主流言论的消极影响，应注意培养大批立场坚定、言之有物、沟通能力强、德才兼备的“网络舆论领袖”，并对“网络意见领袖”进行实名制登记，在应对重大事件的时候，就可以让他们出来发声，及时地引导正确的舆论，为公众找到情绪宣泄的出口，化解矛盾，维护社会舆论层面的稳定，以建设网络清朗环境。

4. 完善思政育人体系构建

拥有良好的思想道德操守，养成良好的行为习惯是当前高校实施大学生思想政治教育的重要目的。然而，如何使大学生在思想政治教育中获益并满足他们的获得感的需求，进而使他们正确认知思想政治教育内容，由理论上升至实践，并做到内化于心、外化于行，是一个非常复杂且异常困难的过程。我们必须认识现实情况的困难，要保持充足的耐心和信心，逐步完善高校思想政治教育方法体系的构建，并在实践中不断反馈、检验和优化，以实现思想政治教育的最终培养目标。毋庸置疑，检验思想政治教育的培养效果，检验教育目标是否得以实现，其行为的反馈效果是获知结果是否有效的重要途径。此外，大学生在网络中的言论和参与行为也是重点关注内容，如何控制和掌握学生在网络中的思想、行为和言论等，以进行正确的引导，可以着重关注以下几个方面：

（1）充分利用网络的互动育人方法

新媒体“轻传播”环境下的思想政治教育是一种多对多的互动关系。思想政治教育者在转变思想观念、重视大学生主体性的基础上，也要注意具体的社会实践和工作方法。一方面要情理交融、以情感人，注重新媒体“轻传播”环境下思想政治教育的情感熏陶和趣味引导，充分利用互联网丰富的教学资源和平等的交互方式，将大学生的思想政治教育理论课教学推进、延伸到网络中，利用网络与大学生进行谈心，尊重每个大学生的话语权，以理服人、以情爱人，让校园新媒体“轻传播”环境产生亲和力和向心力。另一方面要选择并灵活运用网络工具，使之成为反映大学生思想动态的一个窗口。大学生喜欢捕捉新思想、新潮流，在网上进行交流使用的工具非常丰富，思想政治教育者也应追踪信息网络发展的前沿，提高自身素质，学会使用现代传播方法，灵活使用各种网络工具，如设立课程微信公众号、利用微信平台对课堂进行补充等。

在新媒体“轻传播”时代，信息技术的高歌猛进，人工智能与新媒体的深度结合，极大地影响了大学生的思想和行为。大学生是敢于接受新鲜事物的一类群体，他们朝气蓬勃，充满活力，倾心于在网络媒体上发表自己的观点，新媒体也成了学生交流、娱乐、学习的重要平台。思政课教师为了追求教学的最大效果，需要利用新媒体科技去掌握和了解学生状态。教学对象的数据可通过智能媒体的新技术得以全面采集，也可通过技术分析得出数据反馈，在对数据的全面掌握和深度解析下，学生的认知、思想、感受、情绪无处可逃，都藏在了大数据之中。只有在对学生充分了解的基础上，才能具体分析问题，做到对症下药，实施有针对性的思政课教学。以前，我们对大学生的了解渠道比较单一，也不够全面，要么是面对面式的沟通，要么是发放纸质版问卷调查，这导致对数据结果的分析不够精准，也不够及时，思想政治教育的教育效果受到了一定程度的影响。在新媒体“轻传播”的视野下，大数据技术犹如及时雨般出现，它成为科学把握思政课堂上的大学生实时动态的重要工具，这对提高思政育人的针对性十分重要，可以大大提高大学生思想政治教育的实效性。

(2)注重用社会实践活动来检验目标

理论来源于实践，实践丰富着理论。大学生在课堂上、书本里学到的知识，是间接的经验，是一种抽象的理论，其与社会现实还存在一定差异。因此，大学生要有效接受思想政治教育理论，做到内化于心、外化于行，就必须用所学的理论指导，利用假期和课余时间，积极参加诸如志愿者服务、社会调研、红色之旅这一类真正步入社会的实践活动，通过多样化的社会实践活动，学生可以验证、整合、判断和升华平时在学校学习的理论知识，加强学生、家庭、学校、企业、政府的通力合作，让思想政治教育活动通过网络和实践活动渗透到每个人的日常生活中，从而不断增加学生的责任感，使其意识到自身对于社会、国家的重要使命。也使学生自己意识到不足，了解网络舆论背后的生成机制和斗争本质，对网络时代人的异化倾向保持高度警惕，提升网络素养，当他们回到校园后会更加勤奋努力学习，树立起崇高的理想信念和正确的价值观，传承无私奉献、奋勇拼搏的老一辈无产阶级革命家的优秀品德，进而为共产主义事业贡献自己的力量和青春，实现人生的真正高价值，所有这些都是在实践中获得的，而不是在课堂和书本之中获取的。家庭也应更加注重自身作为社会基础单元的教化功能，注重家庭教育对大学生群体发展的重要作用；高校则需要整合网络舆情管理、网络文化建设、网络素养教育等各项相关工作，和大学生社会实践活动相结合，形成工作合力，既培养大学生成为合格公民，又可以形成高校先行、辐射社会的良性循环，充分发挥高校的社会示范引领作用，营造清洁的网络空间。这些实践活动净化了青年大学生的思想，完善了他们的人格，实现了知与行的统一，最终使得高校大学生思想政治教育的接受目标得以顺利实现。

6.4 利用新媒体“轻传播”优势，多视角推动大思政课建设

关于思政课在高校思想政治教育中的地位与重要性，习近平总书记作了明确指示：“我们办中国特色社会主义教育，就是要理直气壮开好思政课，思想政治理论课是落实立德树人根本任务的关键课程，是对大学生进行思想政治教育的主渠道。”自党的十八大召开以来，全国高校全面贯彻党的教育方针，始终坚持将铸魂育人、立德树人作为教育的根本宗旨，围绕如何在新的时代背景下有效提升高校思政课的吸引力、感染力和影响力，积极推进思政课教学改革与创新工作，不断提高思政课教学水平和育人效果，进一步巩固并发挥好思政课在高校思想政治教育中的主渠道、主阵地作用。然而，随着人工智能、大数据、VR等现代信息技术的迅猛发展，新媒体技术快速发展，大量具有轻传播特点与功能的新媒体网络平台层出不穷，人类社会已经进入新媒体“轻传播”时代。在这个时代里，人人手握麦克风，人人都是小广播，人与人之间可以通过新媒

体进行智能化、即时化、快捷化和可视化交流。新媒体技术在深刻改变着人们的日常生活与学习方式，同时也对大学生的行为方式和思想观念产生了巨大影响。面对时代背景、教育环境发生的重大变化，如何进一步做好新形势下高校思想政治教育工作，习近平总书记指出：“高校要运用新媒体新技术使工作活起来，推动思想政治工作传统优势同信息技术高度融合，增强时代感和吸引力。”因此，引导大学生正确运用新媒体，扣好人生第一粒扣子，树立正确的“三观”，成为当前高校思想政治教育工作的重要使命。高校思政课是承担着高校大学生思想政治教育任务的主渠道、主阵地，为此，高校思想政治教育者要自觉学习新媒体基础理论知识和实操能力，不断提升媒介综合素养，以便熟练掌握新媒体技术，使新媒体的功能与优势深入思政课的教学当中，特别要在教学理念、教学内容、教学方法、教学管理等方面与时俱进，改革创新，不断提升思政课在大学生心目中的地位和满意度，努力打造人见人爱的思政“金课”。此外，高校思想政治教育工作也需要借助新媒轻传播特点实现快速捕捉、分秒计算、迅速传播，实现思政教育工作的智慧化和社会化。智慧思政的实现需要智慧校园和智慧社会环境的融合协调，也促使党政思政组织、社会思政组织、学校思政组织、网络思政组织共同构成了我们国家的大思政网，能从多视角推进我国大思政课建设，实现全员育人、全程育人和全方位育人的目标。

6.4.1 新媒体“轻传播”环境下高校思政课教学的路径创新

当前，要不断丰富高校思政课的教学内容，确保其覆盖面宽广，更新速度迅速，与时代发展节奏同步，要抢抓机遇，发挥新媒体技术优势，实现对一些已不适应时代发展需求的教学模式的改革创新，不断更新教育内容，创新教育方法和教育理念，从而构建一套全新的思政课教学体系，优化思政教学效果，使思政课颇受学生们喜爱。

1. 革新教育理念，完善教学模式

信息网络技术的高速发展，极大地促进了新媒体的发展与普及，深刻改变了思想政治教育环境，进一步拓宽了思政教育渠道与教学空间。作为思想政治教育的主导者——思政课教师，应该积极面对新媒体“轻传播”时代给思想政治教育环境带来的重大变化，深刻认识到这是一个机遇与挑战并存的时代，要及时更新教育理念，转变教学方法，并充分利用新媒体的功能与优势推动高校思政课教学的改革与创新。一是要更新思想理念。高校思政课教学的目的是引导大学生具备高尚的思想品德、合格的政治素养和正确的价值观，成长为党和国家合格的建设者与可靠的接班人，即最终实现铸魂育人和立德树人的目标与宗旨。思政教师要不忘初心，牢记使命与宗旨，紧随时代发展的步伐，与时俱进，树立最新的、科学的教育思想理念，及时吸取时代发展的新养分，并融入具体教学当中去。此外，要以学生为中心，遵循思想政治教育规律、大学生成长规律，兢兢业业，深具细心与耐心地做好思政课教学工作。还要有创新思维，树立“大思政”观念，积极主动地学习新媒体基础理论与实践知识，提高媒介综合素养，以便熟练掌握与运用新媒体网络教学平台进行思想政治教育传播活动，使网络思政教学成为课堂思政课教学的重要延伸与补充，从而构建起全方位教学体系，满足大学生全面发展的需求。二是要创新教学手段。努力提高思政课教学实效性，让思政课成为学生心目中有价值、最受欢迎的必修课，是每一位思政课教师的教学目标。为此，思政课教师要创新教学模式与方法，更新教学内容，改变以往重复灌输、强制接受的教学方法。一方面，教师要深刻明白，大学生是新媒体的主要使用群体，他们利用新媒体网络平台时刻在关注世界的动态，他们获取信息知识的能力大大增强，这是他们的能力，更是他们的兴趣。因此，思政课教师要学会主动用新媒体网络平台挖掘信息资源作为教学内容的补充，以便在课堂教学中帮助学生了解更多的思想政治教育知识，激发他们的学习兴趣，提升育人的教学效果。另一方面，在课后，思政课教师要鼓励学生充分利用新媒体开放性的特点与优势关注国家主流媒体的 App，及时了解国家发展情况与世界动态，扩大大学生的知识面。三是要拉近师生关系。思政课教师想要全面提高思想政治教育的实效性，需要全方位了解学生，成为学生的良师益友，即在课堂上是老师，在生活中是亲密朋友。要破除一言堂的局面，不管在课堂上还是在课后，始终要以服务学生为中心，让学生在轻松和谐的教育环境下接受思想政治教育。

2. 拓展课程资源，丰富教学内容

拥有良好的教学内容是发挥好思政课主渠道、主阵地作用的前提。长期以来，高校思政课教学内容主要源自教材及思政教师自身的知识积累。如今，进入信息横流的新媒体“轻传播”时代，新媒体网络是一个巨大的信息资源库，思政课教师可以利用新媒体平台获取教学所需要的价值信息，丰富教学内容，提升教学质量。基于此，首先，思政课教师要备好课，定期更新教学内容。一堂精彩的思政课一定具有内容丰富、信息量巨大、感染力极强等特点。所以，思政课教师在设计教学内容时，既要吃透教材资源，又要借助新媒体网络平台有目的、有计划地搜索与教学内容相关的信息资源，并把这些鲜活内容科学地融入思政课教学当中，使整个教学内容贴近时代、贴近学生，努力借用课堂教学内容与学生们进行互动交流，并最终使学生对授课内容产生共鸣。其次，思政教师要熟悉教材、研读教材、吃透教材。任何教材的使用，都存在一个教材体系向教学体系转化的问题。因此，思政课教师要认真研读思政课主教材，全面吃透，并把教材知识科学、合理地转化为课堂教学内容，并通过思政课教师自己的理解与感悟巧妙地讲授给学生。而在讲课过程中，需要鲜活的新闻、典型的事例和精彩的故事来解释教学内容的主干知识，这些新闻与事例就可以借助新媒体网络来获取，且往往是前沿的信息内容。最后，思政课教师要善于建构自己的教学话语体系。思政课教学是一个以教师为主导、学生为主体、教材为载体的有组织、有计划、有目的的特殊交流活动。要讲好思政课，让思政课教学达到铸魂育人的目标，思政课教师是关键。思政课教师需要解决一个将深厚理论的教材语言有效转化为教学语言的重大问题，即把富有高深理论的教材内容通过生动的语言、接地气的方式讲出来，让每一位同学愿意听、听得懂、记得牢。要做到这一点，思政课教师需要在课堂内与课堂外和学生频繁沟通交流，深入了解学生们的讲话风格与语言表达方式，并根据学生们的成长特点、学习情况及思想状况来精心设计课堂教学话语体系，建立科学、合理、实效的师生交流机制，让学生们真切感受到思政课是具有思想性、理论性和实用性的人生必修课，促使他们更加主动地上思政课、讲思政课和用思政课。

3. 提升教师素质，建设师资队伍

关于思政课教师在思政课教学中的作用，习近平总书记指出：“办好思想政治理论课关键在教师，关键在发挥教师的积极性、主动性、创造性。”可见，思政课教师使命光荣，责任重大。思政课是高校思想政治教育中的主渠道、主阵地，是落实党和国家教育方针，践行立德树人根本宗旨的核心课程，而讲好思政课，最大程度发挥其铸魂育人效果的关键是思政课教师。因此，高校必须建设一支政治强、自律严、人格正、情怀深、思维新、视野广的思政教师队伍，重视人才、培养好人才、用好人才。思政课教师要自觉加强政治学习、理论学习及新媒体基础素养的学习，同时具备坚定的政治信仰、扎实的理论功底、丰富的教学经验、过硬的媒介素养、炽热的教育情怀，只有这样，思政课教学才能肩负起新媒体“轻传播”环境下高校思想政治教育主渠道的重大使命。为此，思政课教师必须做好以下几个方面的工作，提高个人的综合素质。一是加强并深化政治理论与学科理论的学习。思政课教学课堂是一个传播信仰、传播思想、传播理论的载体，其功能能否最大程度发挥，关键是思政课教师是否拥有坚定的政治信仰、深刻的思想认识、雄厚的理论基础。办好思政课，必须要让有信仰的人讲信仰，有理论的人讲理论。因此，一方面，高校要建立思政课教师进退机制，通过严格的年度考核，及时淘汰信仰不坚定、理论不扎实的教师。同时，采取激励机制，表扬最受学生欢迎的思政课教师。另一方面，思政课教师自己要主动加强政治学习和专业理论学习，要在思政课教学中以崇高的信仰吸引人、深厚的理论感染人，成为学生心目中为人、为学的楷模，引导大学生做有坚定信仰、有过硬本领、有责任担当的时代青年。二是加强新媒介理论与实践知识的学习。新媒体“轻传播”环境下，微信、微博及短视频等新媒体已经深入大学生的学习与生活，成为他们获取知识、社交娱乐的重要载体。高校思想政治教育者需要高度重视引导大学生科学、合理地使用新媒体的工作。通过细心教育，帮助他们加强思想素质，强化判断能力，提高理性认识，自觉抵御不良信息的侵蚀。

4. 创新课堂管理，提高教学质量

良好的课堂管理，是上好一堂思政课的重要前提。传统的课堂教学管理主要依靠教师的眼明手快、口头教育管理，这分化了教师的精力，也影响了教学效果。随着人工智能、大数据及数字媒体技术的快速发展，人类进入了智媒体时代。大学生人手一部手机，在听课之时，手指轻轻一划手机屏幕便可轻松入网，游离于课堂教学。此时，思政课教师如果不及时有效管理，学生就深入到玩网络游戏、刷抖音、追神剧当中去了，严重影响课堂教学的效果。针对以上出现的情况与问题，思政课教师要熟悉智媒体网络平台，可以利用超星学习通和爱课程等智媒体网络平台加强课堂管理，发挥其智能签到的功能，精准掌握学生的迟到早退情况；也可以利用其线上课堂教学功能，发起线上问题抢答，进行精彩高效的线上与线下融合的互动活动，打造井然有序、宽松和谐的教学环境。进入智媒体时代，智媒轻传播技术应用到高校思政课教学中来是大势所趋，不可避免。因此，高校思政课教师要深刻认识到推动思政课教学改革的深刻意义，必须要顺应时代发展的潮流，积极主动地加强媒介素养的基础理论与实践操作的学习，提升新媒介素养，创新教学模式，不断提高思政课的教学质量与育人效果，满足新时代大学生全面发展的需求。

6.4.2　新媒体“轻传播”环境下校园思政工作新途径

校园思想政治教育(后文简称“校园思政”)工作是除去思政课教学以外的学校思想政治教育管理工作，是整个学校思想政治教育工作的重要组成部分。其往往具有时间紧、任务重、突发性强、传播速度快等特点，如果不及时处理，或者处理不到位，就会造成极大的负面影响，所以高校必须高度重视校园思政工作。然而，由于校园思政工作涉及部门多、辐射人群广，其往往是千头万绪、复杂多变，特别是互联网技术的快速发展，极大地促进了依托数字技术的各种新媒体的问世，人人是信息的制造者、传播者和接收者，这给校园思政工作带来了重大的压力和严峻的挑战。因此，高校思想政治教育工作者要转变观念、更新理念，主动适应新媒体“轻传播”环境，充分利用新媒体“轻传播”的功能与优势深化校园思政工作的改革，大力推动校园思政工作实现智能化、智库化和平台化建设，并向智慧校园思政迈进。

1. 新媒体助推思政工作智库化

科技在发展，时代在进步。伴随着人工智能、大数据等数字信息技术的高速发展与广泛应用，世界万物皆可数据化，整个世界是个复杂的巨系统。在智媒体时代，面对时代环境发生重大改变的局势，校园思政工作也要与时俱进，因变而变，努力推进工作方法与手段的创新，积极建立智慧校园思政体系，充分发挥智能管理技术，将校园思政工作者从繁重的工作中解放出来，腾出更多的时间与精力做好大学生思想政治教育工作。因此，学校需要做好以下几个方面的工作：第一，需要对大学生在学校的日常行为轨迹精准认知。要做好学生思想政治教育工作，就需要对大学生学习、生活情况进行较为全面的了解。而随着大数据与人工智能技术的迅速发展，世界万物皆可数据化，这就为学校精准掌握学生的行为数据提供了条件。大学生的数据主要由校内数据与校外数据两部分构成。校内数据主要是大学生的学生档案、参与活动的行为数据、网络浏览痕迹数据等，校外数据主要是参与社会活动的行为数据。在智媒体时代的今天，学生的一切活动行为皆可用数据来记载，如校园的智能监控记录下的大学生的校园轨迹数据、大学生在图书馆借用的书籍在图书信息系统留下的数据、大学生在校园的消费留下的支付数据以及大学生登录校园网账号留下的浏览网页的数据等，学校可以借用大数据与人工智能技术把大学生的这些数据科学、系统、有效地整合成为智能化较高的校园思政数据库，以便精准掌握大学生的思想情况，为有针对性地做好学生思想政治教育工作提供数据参考条件。第二，需要对大学生在校外参与活动的行为数据精准认知。高校思想政治教育工作是确保学校始终在党的领导下坚持社会主义办学的重大政治问题，因此，各大院校高度重视，投入了雄厚的力量参与其中，学校思想政治教育工作虽取得了较大成绩，但仍然存在一些不足，其中一个重要的原因是各大院校只是局限在本校园内开展思想政治教育工作，他们有着不同的做法和特色经验，但彼此之间缺乏有效的沟通机制，有较好的校园思政工作经验与举措无法及时分享，也无法把这些工作实践经验进行数据化。随着智媒体时代的到来，高度发达的信息网络媒体技术突破了各院校之间的边界，也突破了校园与社会的藩篱，促使政府、社会、校园与家庭数据信息高度融为一体，形成一个大家庭。为了不断提升新媒体“轻传播”环境下大学生思想政治教育的有效性，不断提高高校思想政治教育的整体水平，满足社会主义持续发展的需要，需要建立一个数据量大、智能化高、针对性强的高校思政虚拟智库，且必须是区块链形式的。各大院校可以随时把本校关于思想政治教育的先进经验和特色做法通过密钥上传到高校思政虚拟智库，让全国各大院校查看学习，从而实现思政教育资源的共享与跨校区的大思政合作。

2. 新媒体助推思政工作智能化

校园思政工作是整个学校思想政治教育工作的重要组成部分，其工作的质量与效果直接关系到学校整体思想政治教育的水平。可见，校园思政工作地位高、重要性强，必须全面做好，满足大学生成长成才的需要。然而，校园思政工作具有任务重、工作精细、参与人数多、突发性强等特点，如果没有按时完成工作，就会造成大量负面影响，面对这些复杂情况，校园思政工作者的身体和心理都承受着巨大压力。人工智能、大数据等数字化技术的迅猛发展，有力促进了大量全新智能媒体的出现，这些新技术、新平台为智能化的校园思政工作的开展提供了重要条件。高校可以充分利用智媒体技术建立高度智能化的校园思政工作机制，大大提高工作的效率与质量，也让广大校园思政工作者从复杂、繁重的思政工作中解放出来，把更多时间与精力用在大学生的人文关怀与思想交流方面。为此，一方面，可以充分借用大数据、人工智能技术对大学生的校园行为进行实时跟踪，利用海量思政数据进行自动分析和判断，并准确预报学生未来思政状态。另一方面，需要建立学校校园思政 App，校园思政工作者可以根据需要随时随地打开校园思政软件，对发现的问题第一时间进行可视化教育与管理。此外，学校要对本校全体学生加大关于校园思政 App 软件的宣传力度，引导学生完成注册信息，鼓励他们通过 App 软件与老师进行沟通与交流。同学们在校园思政软件留下的数据痕迹，经过数据化采集与自动分析，可以得出精准反馈结果，从而为更有针对性地做好大学生思想政治教育工作提供详细数据资料，真正实现数据化、智能化的校园智慧思政目标。

3. 新媒体助推思政工作平台化

思想政治教育的实效性是评估高校思想政治教育质量与水平的核心指标，因此，在新媒体“轻传播”时代里，高校思想政治教育要与时俱进，充分汲取时代发展的养分，注重利用依托数字智能技术的新媒体的功能与优势来构建学校思政工作平台，切实提高高校思想政治教育的实效性，可以从以下几个方面加强建设：

（1）加强思政专业人才队伍建设

做好新媒体“轻传播”环境下高校思政教育工作，关键在思政教师队伍，要努力建设一支政治强、业务精、情怀深、思维新、视野广、自律严、人品正的思政教师人才队伍。为此，第一，需要加大思政人才引进力度，达到师生 1：350 的比例，满足学校思想政治教育的需求；第二，要以学校名义统一组织多批次的新媒介基础理论与实操能力教师培训会，努力提高整体思政教师的媒介素养；第三，要完善思政教师与工作者的考评与激励机制，坚持以教促研、以研深教、教学相长的原则，鼓励他们根据自己的工作实际开展思想政治教育学术研究，从而促进学校思想政治教育能力与水平的不断提升。

（2）拓宽校园思政教育信息平台

如今，在新媒体“轻传播”时代里，各大载体的传播进入“微”化是大势所趋。当前，部分院校已建立微传播平台，如学校微信公众号、学校抖音号等，但宣传效果不够理想，仍需加强建设，通过力量整合，努力构建一个数据化、智能化及社会化的教育平台，真正做到对大学生思想政治教育的全媒体管理。

(3)激发学生参与校园活动的兴趣

个性化展示、快速化传播是新媒体的重要特征，也是深受大学生喜爱的重要原因之一。因此，学校要多组织各种校园活动，鼓励学生放下书本，走出寝室，积极参与活动，让同学们在活动中增进了解，加深友谊。同时，校园思政宣传部要充分利用新媒体“轻传播”的功能与优势进行现场直播，通过新媒体的大力宣传，激发大学生们参与校园活动的兴趣，吸引更多同学的参与，并在新媒体平台进行交流与评论，达到良好的思想政治教育效果。

(4)凝聚齐抓共管的思政新媒力量

整体的力量大于部分的力量，做好新媒体“轻传播”环境下高校思想政治教育工作，需要调动各个方面的力量，通过科学、系统的整合，构建强大的思想政治教育团队，更好地履行铸魂育人、立德树人的重要使命。因此，学校完全可以利用新媒体构建一个集思政教师、思政工作者、辅导员及学生社团等为一体的虚拟思政工作平台，通过这个平台，可以有效凝聚这些校园思政力量，形成强大的思政教育力量。如学校可以利用该工作平台随时随地发布思政教育相关信息，而思政教师和学生也可以利用新媒体平台接收与发送信息，并对存在的问题进行及时的处理与反馈，从而极大地提升学校思想政治教育的即时性和有效性。

6.4.3 新媒体“轻传播”环境下思政社会育人新拓展

一直以来，党和国家高度重视思政教育，积累了许多宝贵经验，取得了重大的发展成就，有力促进了社会主义现代化建设。当前，党政思政、社会思政、学校思政、网络思政共同构建起国家的大思政网，然而，这是宏观层面的大联合，各思政部门并非是无缝衔接，仍存在链接的空隙。特别是社会思政部需要进一步加强与其他思政部的合作与协同。随着新媒体、智媒体时代的到来，整个社会将逐步数据化与网络化，极大地促进世界各国人们的交流与合作，致使整个世界日益成为“地球村”。因此，我们可以充分利用智媒体的迅速捕捉、快速计算、即时传播的优势，助推国家思想政治教育实现智慧化和全面化。实现智慧思政，需要大力推进党政思政、社会思政、学校思政和网络思政的智慧化建设，整个大思政网将以高度数据化、智能化和协同化的形式存在，这必将有力促进学校思想政治教育模式的重大创新，大大增强思想政治教育的有效性，从而进一步提高学校思想政治教育的质量和水平。

1. 智慧思政有助于实现“小思政”走向“大思政”

在高校思想政治教育体系中，思政课一直是思想政治教育的主渠道，而思想政治教育工作者主要负责校园常规思政工作，但实际上需要思想政治教育的空间很大、范围很广，如除思政课以外，其他课程都需要挖掘思政元素进行课程思政教育。狭义的思想政治教育工作一般称为“小思政”，主要是指常规思想政治教育工作。广义的思想政治教育工作可称为“大思政”，它所涉及的范围更宽广，主要指的是校园中全面的思想政治教育工作，除了校园传统思想政治教育工作以外，还包括众多新领域的思想政治教育工作，如学生传统文化课、就业指导课、网络在线学习、社会实践课程等，均属于“大思政”的范畴。因此，要全面做好校园思想政治教育工作，必须转变观念，树立“大思政”理念，充分利用智媒体“轻传播”技术与手段创新校园思想政治教育工作，推进“小思政”走向“大思政”，努力提升思想政治教育铸魂育人的能力和水平。

2. 智慧思政有助于实现“数字人文化”教育

“人文化”主要是指思想政治教育的人文关怀。思想政治教育本身就是一种充满人情味、饱含人文关怀的教育活动，坚持以立德树人为根本宗旨，最终就要实现对学生的思想引领和价值观引导。有人认为，新媒体“轻传播”环境下的智慧思政主要是利用人工智能、大数据技术对相关数据按一整套特殊计算程序进行演算推理，并最终得出反馈结果，这是一种无思想、无感情的“计算思政”。实则不然，在一定条件下，智能机器人可能对人的了解更加全面与深入。当前，在新媒体“轻传播”环境下的智慧思政主要采用“人机协同”形式，促使大量复杂的思想政治教育活动简单化，但得到的育人效果更佳。同时，智慧思政里面有一整套成体系的人文情怀数据信息，可以对学生实施精准的人文教育，让学生在沟通交流的过程中感受到温暖的关怀，完成心灵的交流，从而达到育人的效果。

3. 智慧思政有助于实现从“人为”到“为人”的价值转向

良好的教育能够走进学生心灵，起到培根铸魂、启智润心的效果。思政课具有给学生洗涤心灵、塑造品德、规范行为的重要使命，是落实立德树人根本任务的核心课程。因此，要让思政课更好地发挥它启发心灵的作用，成为大学生心目中最有魅力、最受欢迎的“热门课程”，就必须与时代同步，深化对思政课的改革，更新教育理念，创新教学方法和手段，努力提升思政课的针对性、亲和力、感染力和实效性。然而，传统的思想政治教育主要是思政教师用社会主义核心价值观对学生面对面开展有目的、有计划的教育。强制灌输、反复说教是传统思政课的显著特点。教师在整个教学当中往往是一言堂、个人说教，尽管思政教师试图运用良好的教学方法、鲜活的故事来活跃课堂气氛，激发学生们参与课堂活动的积极性，但依然可以观察到“人为”之痕迹。思政课教师在课堂里，不仅要做到理直气壮讲思政课，更要有亲和力和感染力去激发同学们学习的内生动力。进入新媒体“轻传播”时代，思政课教学可以充分利用新媒体网络技术与平台的海量信息资源和快速传播优势来鲜活思政教学的内容、丰富课堂活动、激发学习兴趣，这是新媒体网络与思政课教学相融合的巨大作用，力求思政课“融于生活，隐于无形”，起到“春风化雨”“润物细无声”的教育效果。同时，智慧思政能让同学们从内心深处爱上思政课，更加主动关注思政内容，实现思政教育从“人为”到“为人”的价值转向。

4. 智慧思政有助于实现思想政治教育的融合转型

新媒体“轻传播”环境下，高校思想政治教育是一个开放、复杂的巨系统，要让其教育功能最大限度地发挥，就需要让整个系统，包括政府、学校、家庭、社会及个人等各个要素积极参与，高效配合，协同管理。如果这个巨系统内任何一个环节出现问题，则各个要素的协同配合、高效运行就难以实现，并最终影响整个思想政治教育目标的实现。科技在发展，时代在进步。大数据、人工智能等数字信息技术的迅猛发展，极大地推进了大量新媒体、智慧媒体的出现，它很好地解决了高校思想政治教育巨系统高效运行的问题。其可以充分利用智媒体网络技术对思想政治教育系统内的各个要素与环节进行有机整合，使之相互配合、协同管理，成为一个有机、高效的巨系统，通过功能的稳定发挥，逐渐提升新媒体“轻传播”环境下高校思想政治教育的有效性，不断提高新形势下“大思政”教育的整体水平，为给全面建设社会主义现代化国家、全面推进中华民族伟大复兴培育思想端正、道德高尚、政治合格、理想高远、本领过硬、责任担当的建设者和接班人而努力奋斗！

结　语

实践永不止步，则理论创新永无止境。数字技术的迅猛发展，极大地促进了新媒体的快速发展与广泛普及，人人手握麦克风，人人是信息的制造者、传播者，人类进入一个信息横流的新媒体“轻传播”时代。新媒体“轻传播”时代的到来，不仅创新了传统的传播方式，也给高校思想政治教育环境带来了重大影响。因此，高校需要积极主动地面对新媒体“轻传播”时代，思想政治教育者要掌握新媒介的基础理论和实操能力，充分利用新媒体的传播优势拓展思想政治教育的功能，努力提升大学生思想政治教育的有效性。

习近平总书记高度重视宣传思想工作的持续创新，他强调：“宣传思想工作创新，重点要抓好理念创新、手段创新、基层工作创新，积极探索有利于破解工作难题的新举措新办法。”这为新形势下开展大学生思想政治教育工作明确了要求，鼓足了干劲，也指明了努力方向。本书研究是基于新媒体“轻传播”时代背景，始终坚持以马克思主义理论和思想政治教育理论为主要理论依据，并合理引用了传播学、心理学等相关理论，聚焦大学生思想政治教育有效性问题。首先，就大学生思想政治教育有效性的相关文献进行了梳理，为本书的研究提供了理论借鉴与参考。其次，分析了新媒体“轻传播”环境下大学生思想政治教育的机遇与挑战，同时对思想政治教育传播的各要素进行了深入分析，探究了其内在的联系及与思想政治教育有效性的关联。再次，基于新媒体“轻传播”环境下大学生思想政治教育有效性的理论框架，深入具有代表性的高校走访调研，并对调查的数据进行了分析与总结。最后，结合调查研究的数据分析结果，提出新媒体“轻传播”环境下大学生思想政治教育有效性的对策。通过本书研究，得出以下结论：

第一，在新媒体“轻传播”环境下，要充分发挥思政课在高校思想政治教育中的主渠道作用，其地位不能动摇。明者因时而变，知者随事而制。由于新媒体“轻传播”时代的到来，既给高校思想政治教育工作带来了重大机遇，也造成了较大冲击。因此，作为高校思想政治教育主阵地的思政课也要与时俱进，紧随时代步伐，充分利用新媒体技术融入思政课的备课、资源获取、课堂管理等多方面，以鲜活的内容、先进的教学方法、精准的课堂管理、精彩的师生互动等特色教学场景来提升思政课的魅力，让大学生愿意听思政课，喜爱上思政课，使思政课成为大学生心目中名副其实的“金课”。

第二，要牢牢把握新媒体“轻传播”环境下大学生思想政治教育传播话语的主导权。十一届三中全会以来，我国始终坚持以经济建设为中心，实行对内改革、对外开放的伟大决策，极大地促进了我国社会主义现代化建设。与此同时，我国也十分重视意识形态领域工作，不敢有丝毫松懈，因为其关乎国家的安全与党的前途命运的重大问题。当前，数字信息技术的迅猛发展，极大地促进了新媒体的发展，给社会各个领域带来了深刻的影响，也给党的意识形态领域工作带来了重大挑战。过去，我党在意识形态领域的工作取得了重大成就，积累了大量先进经验和工作方法。但如今，随着新媒体的快速发展与大量普及，意识形态工作阵地由线下延伸到网络，促使党的意识形态工作更具严峻性和复杂化，为此，我们必须紧抓意识形态工作建设，在党中央的统一领导下，落实好工作责任制，层层把关，牢牢把握线上与线下意识形态工作的话语权。此外，还要加大宣传思想工作，特别是针对青年大学生的思想政治教育工作，抢占网络舆论的主动权和主导权。新媒体网络具有开放性、隐藏性和无序性等特点，使得包括西方大量带有浓厚意识形态在内的不良信息在新媒体网络隐秘传播，毒害青年大学生的心灵，不利于大学生思想品德的塑造和正确价值观的树立，给高校思想政治教育带来了重大压力。为此，高校思想政治教育工作者要与时俱进，主动融入新媒体轻传播时代，创新思想政治教育理念与方式，牢牢把握在新媒体网络里大学生思想政治教育传播的话语主导权，不断提升大学生思想政治教育有效性。本书的研究合理借鉴了传播学的相关理论，要努力提升思想政治教育者和大学生的媒介素养，创新新媒体“轻传播”环境下大学生思想政治教育的方式方法，必须牢牢守住思想政治教育的底线，识大局，明大势，积极利用新媒体“轻传播”的优势做好思想政治教育工作，引导大学生树立正确的“三观”，为党和国家源源不断地培养有信仰、有理想、有本领、有担当的社会主义建设者。

第三，要提升新媒体“轻传播”环境下大学生思想政治教育有效性的内在机理。

高校思想政治工作关系高校培养什么样的人、如何培养人以及为谁培养人这个根本问题。要坚持把立德树人作为中心环节，将思想政治工作贯穿教育教学全过程，实现全程育人、全方位育人，努力开创我国高等教育事业发展新局面。可见，高校思想政治教育工作使命光荣，责任重大，高校思想政治教育工作者必须做到因事而化、因时而进、因势而新，要遵循思想政治工作规律，遵循教书育人规律，遵循学生成长规律，不断提高工作能力和水平。人人手握麦克风、人人都是播放机的新媒体“轻传播”时代的到来，深刻改变了高校思想政治教育的环境，使思想政治教育更具严峻性和复杂化。为此，高校思想政治教育者要转变理念，深刻认识到，新媒体“轻传播”环境下，大学生思想政治教育是一项特殊的传播活动，不管是本质目标还是内在结构都和传播活动具有内在契合性，因此在具体工作实践中，要遵循传播活动的基本规律和条件要求，坚持立德树人的宗旨，充分利用新媒体的特点与优势，努力提升思想政治教育的有效性。而要提升大学生思想政治教育的有效性，需要全面掌握思想政治教育的内在机理。新媒体“轻传播”环境下大学生思想政治教育的有效性主要有传播起始阶段的有效性、传播过程的有效性、传播结果的有效性及实时反馈的有效性，其中传播起始有效性和传播过程有效性是前提，传播结果有效性是目的，实时反馈有效性是评价，四个环节有序、有效推进，才能最终确保整个思想政治教育活动的有效性。

参考文献

［1］关于实施中华优秀传统文化传承发展工程的意见［J/OL］https://baike. baidu. com/item/, 2017. 01. 25.

［2］［3］［4］［5］［6］［80］［89］［90］［92］［110］［111］［112］［121］［123］［124］［126］［128］［130］［［131］［133］［134］［137］［138］［140］［141］［144］［148］［157］［158］［159］习近平. 论党的宣传思想工作［M］. 北京：中央文献出版社，2020：275、354、277、193、335、339、353、278、378、21、276、378、380、382、373、16、354.

［7］蒋宏，徐剑. 新媒体导论［M］. 上海：上海交通大学出版社，2006：14.

［8］宫承波主编. 新媒体概论［M］. 北京：中国广播电视出版社，2007：1.

［9］匡文波. 新媒体概论(第二版)［M］. 北京：中国人民大学出版社，2017：4.

［10］蒋百平. 新媒体环境下大学生思想政治教育创新路径研究［J］. 南宁师范大学学报(哲学社会科学版)，2022，43(1)：82-93.

［11］丁柏铨. 媒介融合：概念、动因及利弊［J］. 南京社会科学，2011(11)：92-99.

［12］李良荣，周宽玮. 媒体融合：老套路和新探索［J］. 新闻记者，2014(8)：17.

［13］胡正荣. 传统媒体与新兴媒体融合的关键与路径［J］. 新闻与写作，2015(5)：22-26.

［14］［136］张春贵. 让马克思主义有效触达“Z 世代”［J］. 青年记者，2019(7)：9-10.

［15］周艳. 让理论传播有“味”更有“型”［J］. 青年记者，2019(7)：17-18.

［16］牛海，刘诗铭. 新媒体时代马克思主义理论之“轻”传播［J］. 传媒，2019(18)：94-96.

［17］张耀灿，郑永廷，等. 现代思想政治教育学［M］. 北京：人民出版社，2006：300.

［18］李林英，郭丽萍. 新媒体环境下高校思想政治教育教学研究［M］. 北京：人民出版社，2015：51.

［19］宗玲. 新媒体时代“00 后”大学生思想政治教育途径［J］. 山西青年，2020(8)：175-176.

［20］马俊，叶春桃. 新媒体时代大学生思想政治教育创新策略研究［J］. 教育现代化，2019，6(82)：329-330.

［21］曹风才，田维飞. 新媒体时代高校学生德育工作的思考［J］. 中北大学学报，2008，24

(6)：14–16.

[22] 赵颖. 新媒体时代思政课话语权的建构[J]. 中学政治教学参考，2019(28)：87.

[23] 严杰. 新媒体环境下高校思想政治教育的挑战与对策研究[J]. 记者观察，2019(33)：48.

[24] 张根兴，刘胤芷. 新媒体环境下高校思想政治教育工作者的角色嬗变[J]. 北京教育(德育)，2014(03)：32–34.

[25] 朱承. 提升思想政治教育有效性的思考[J]. 中学政治教学参考，2021(8)：99.

[26] 刘峰，吴歧范. 新时期提升思想政治教育有效性的策略研究[J]. 湖北开放职业学院学报，2021，34(3)：63–64.

[27] 韦世艺，齐佩芳. 论高校思想政治教育有效性的不确定性[J]. 扬州大学学报(高教研究版)，2006(1)：62–64.

[28] 沈壮海. 思想政治教育有效性研究[M]. 武汉：武汉大学出版社，2008：15.

[29] 陈敏. 大学生思想政治教育有效性内涵及评价依据[J]. 思想政治教育研究，2005(5)：43–44.

[30] 鞠波. 高校德育的有效性：理论解析与实践探索[J]. 青岛大学师范学院学报，2004(1)：78–80.

[31] 王颉源. 从“三体一要素”探析思想政治教育的有效性[J]. 鄂州大学学报，2021，28(2)：18–20.

[32] 孙菲. 新时代提高大学生思想政治教育传播效果研究[J]. 文化产业，2021(6)：74–75.

[33] 洪涛，张苗苗. 新媒体环境下高校思想政治教育方式的创新论析[J]. 思想政治课研究，2017(4)：43–46.

[34] 王小阳. 新媒体环境下高校思想政治教育实效性策略研究[J]. 林区教学，2019(9)：16–18.

[35] 王韬. 论思想政治教育传播的效果与优化对策[D]. 南京：河海大学，2007.

[36] 吕亚琳. 思想政治教育大众传播反馈机制建设初探[D]. 北京：北京交通大学，2007.

[37] 张雷. 对新媒体条件下思想政治教育传播效度的思考[J]. 学校党建与思想教育，2013(1)：80–81.

[38] 麦克卢汉. 理解媒介：论人的延伸[M]. 南京：译林出版社，2011：59.

[39] 简梵迪克. 网络社会：新媒体的社会层面[M]. 北京：清华大学出版社，2014：27.

[40] 托夫勒. 力量的转移[M]. 北京：新华出版社，1991：13–14.

[41] 约翰·菲斯克. 解读大众文化[M]. 南京：南京大学出版社，2012：201.

[42] Conant. General Education in a Free Society[M]. Cambridge，Mass：Harvard University Press，1945：8.

[43] 杜德斯达. 21 世纪的大学[M]. 北京：北京大学出版社，2005：33-34.
[44] 汤姆林森. 文化帝国主义[M]. 上海：上海人民出版社 1999：134.
[45] Stocking，George W. Objects and Others Essays on Museums and Material Culture[M]. Madison，Wisconsin：the University of Wiscons in Press，1985：211-212.
[46] 吴琼. 当代国外思想政治教育方法及其启示[J]. 求实，2000(5)：45-46.
[47] 马忠虎. 撒切尔主义对当代英国教育改革的影响[J]. 比较教育研究，2001(10)：1-6.
[48] 麦克卢汉. 理解媒介论人的延伸[M]. 何道宽，译. 南京：译林出版社，2019：5.
[49] 麦克卢汉. 麦克卢汉如是说 理解我[M]. 北京：中国人民大学出版社，2006：3.
[50] 胡泳. 新媒体环境下的"参与式新闻"[J]. 新闻战线，2007(12)：57-59.
[51] 冯昭奎. 新技术革命对日本经济的影响[J]. 机械与电子，1986(5)：22-24.
[52] 王宏. 数字技术与新媒体传播[M]. 北京：中国传媒大学出版社，2010：16.
[53] 匡文波. 关于新媒体核心概念的厘清[J]. 新闻爱好者，2012(19)：32-34.
[54] 彭兰. "新媒体"概念界定的三条线索[J]. 新闻与传播研究，2016(3)：120-125.
[55][56][139] 习近平. 习近平谈治国理政(第二卷)[M]. 北京：外文出版社，2017：331-332.
[57][64][113][114][116] 郭庆光. 传播学教程(第二版)[M]. 北京：中国人民大学出版社，2011：2、4、49、5、48、171、172.
[58] Charles HortonCooley. Social Organization：A Study of the Larger Mind[M]. Chailes Scribner's Sons，New York，1929：45.
[59] Charles Sanders Peirce. The Law of the Mind，Collected Papers of Charles Sanders Peirce[M]. Harward University Press，Cambridge，1933：396.
[60] See Wilbur Schuramm. How Communication Works，The Process and Effects of Mass Communication[M]. University of Illinois Press，Urbana，1954.
[61] See Alfred J. Ayer. What is Communication? [M]. Studies in Communication，Martin Secker and arburg，London，1955.
[62] 吴文虎. 传播学概论百题问答[M]. 北京：中国新闻出版社，1988：1.
[63][68][143] 邵培仁. 传播学导论[M]. 杭州：浙江大学出版社，1997：5、227、308.
[65] 施拉姆，波特. 传播学概论(第二版)[M]. 何道宽，译. 北京：中国人民大学出版社，2010：4.
[66] 罗立志. 交换苹果与交流思想[J]. 学习导报，1999(6)：43.
[67] 霍克斯. 结构主义与符号学[M]. 上海：上海译文出版社，1987：132.
[69] 麦克卢汉. 理解媒介：论人的延伸[M]. 何道宽，译. 北京：商务印书馆，2000：56.
[70] 现代汉语词典[M]. 北京：商务印书馆，2000：1424.

[71] 列宁选集(第1卷)[M]. 北京：人民出版社，1978：247.

[72] 邹振东. 弱传播[M]. 北京：国家行政学院出版社，2008：28.

[73] 段钢，汪仲启. 互联网时代主流话语传播要强化受众意识[J]. 红旗文稿，2017(1)：31-32.

[74] 彭兰. 社会化媒体理论与实践解析[M]. 北京：中国人民大学出版社，2019：2.

[75] 黑格尔. 精神现象学(上卷)[M]. 贺麟，王玖星，译. 北京：商务印书馆，1996：48.

[76] 欧阳林. 思想政治教育传播学[M]. 北京：北京交通大学出版社，2005：9.

[77] 陈秉公. 思想政治教育学原理[M]. 北京：高等教育出版社，2006：172.

[78] 欧阳林. 思想政治教育传播学[M]. 北京：北京交通大学出版社，2005：11.

[79] [102]黄欣荣. 大数据时代思想政治教育的实践创新研究[J]. 山东科技大学学报(社会版)，2019，21(6)：1-8.

[81] 张垒，李成. 新时代马克思主义新闻观的最新发展——论习近平新闻思想对马克思主义新闻观的新贡献[J]. 新闻与传播研究，2018，25(7)：5-12.

[82] 屈琳琳. 马克思恩格斯思想政治教育传播媒介思想论述[J]. 新闻传播，2018(14)：21-23.

[83] 桂清萍. 邓小平新闻思想及其现实意义探析[C]. //邓小平与中国道路——全国纪念邓小平同志诞辰110周年学术研讨会论文集(下). 北京：中央文献出版社，2014：244-254.

[84] 邓小平文选(第二卷)[M]. 北京：人民出版社，1994：104.

[85] 邓小平文选(第三卷)[M]. 北京：人民出版社，1993：40.

[86] 习近平. 高举中国特色社会主义伟大旗帜为全面建设社会主义现代化国家而团结奋斗——在中国共产党第二十次全国代表大会上的报告[M]. 北京：人民出版社，2022：16.

[88] 纪念马克思诞辰200周年大会在京举行，习近平发表重要讲话[N]. 人民日报，2018-5-5(1).

[91] [119][125]习近平谈治国理政(第3卷)[M]. 北京：外文出版社，2020：317.

[93] 张耀灿，郑永延，吴潜涛，等. 现代思想政治教育学[M]. 北京：人民出版社，2006：296.

[94] 郭庆光. 传播学教程[M]. 北京：中国人民大学出版社，2011：33.

[95] 陆亨. 使用与满足：一个标签化的理论[J]. 国际新闻界，2011，33(2)：11-18.

[96] 喻国明，焦建，张鑫. “平台型媒体”的缘起、理论与操作关键[J]. 中国人民大学学报，2015(6)：120-127.

[97] [103][127][149][152]习近平. 把思想政治工作贯穿教育教学全过程开创我国高等教

育事业发展新局面[N]. 人民日报，2016(1).
[98] 曹金龙. 关于新时代思想政治教育显性教育和隐性教育相统一思考[J]. 思想教育研究，2019(12)：58-63.
[99] 托夫勒. 未来的冲击[M]. 黄明坚，译. 北京：中信出版社，2018：36.
[100] 马克思恩格斯选集(第1卷)[M]. 北京：人民出版社，1995：285.
[101] 林伯海，李锦红，宋刚. 试析大学生隐性思想政治教育模式[J]. 思想理论教育导刊，2008(3)：79-82.
[104] 周起帆，旷晓霞，秦端茜. 人工智能：新时代高校大学生思想政治教育方法创新发展的新载体[J]. 南宁师范大学学报(哲学社会科学版)，2020(2)：6-8.
[105] 舍恩伯格，库克耶. 大数据时代[M]. 杭州：浙江人民出版社，2013：123-124.
[106] 刘桂兰，刘蕾，鄢章华. 大数据思维在大学生思想政治教育中的应用研究[J]. 思想理论教育导刊，2017(11)：25-29.
[107] 钱文斌. 浅析新媒体与大学生思想政治教育[J]. 当代教育论坛，2008(6)：21-24.
[108] 胡晓倩，张赛. "互联网"与当代大学生的思想政治教育[J]. 中国科教创新导刊，2007(4)：100.
[109] 侯西安. 善用巧用舆情新媒体[N]. 中国社会科学报，2014-2-19.
[113] [114] [116]郭庆光. 传播学教程(第二版)[M]. 北京：中国人民大学出版社，2011：49、4、5、48、171、172.
[115] 塞弗林，坦卡德. 传播理论：起源、方法与应用[M]. 北京：华夏出版社，2000：44.
[117] 沈壮海. 思想政治教育有效性研究[M]. 武汉：武汉大学出版社，2001：126-127.
[118] 张晓波. 影响思想政治教育传播效果的因素分析[J]广西师范大学学报(哲学社会科学版)，2001(1)：71-74.
[120] 中共中央宣传部. 习近平总书记系列重要讲话读本[M]，北京：学习出版社，人民出版社，2016：05.
[122] 宫承波. 传播学纲要[M]. 北京：中国广播电视出版社，2007：10.
[129] 卡扎米亚斯. 教育的传统与变革[M]. 天津：文化教育出版社，1981：147.
[132] 马克思恩格斯选集(第1卷)[M]. 北京：人民出版社，1972：9.
[135] 马克思恩格斯文集[M]. 北京：人民出版社，2009：11.
[142] 欧阳林. 思想政治教育传播学[M]. 北京：北京交通大学出版社，2005：136.
[145] 穆林娟，宋悦宁，钟错. 新媒体环境下高职院校辅导员的媒介素养现状——基于部分职业院校的调查与思考[J]. 西部素质教育，2019，5(19)：57-58.
[146] 习近平. 习近平总书记教育重要论述讲义[M]. 北京：高等教育出版社，2020：48.
[147] 习近平. 思政课是落实立德树人根本任务的关键课程[N]. 求是杂志，2020-8-31(17).

[150] 梁漱溟. 乡村建设理论[M]. 上海：上海人民出版社，2011：291.

[151] 习近平. 用新时代中国特色社会主义思想铸魂育人 贯彻党的教育方针落实立德树人根本任务[N]. 中国青年报，2019-3-19(1).

[153] 本教材修订组，沈壮海.《思想道德修养与法律基础(2018年版)》修订说明[J]. 思想理论教育导刊，2018(5)：22-27.

[154] 习近平. 思政课是落实立德树人根本任务的关键课程[J]. 理论导报，2020(9)：32.

[155] 舍恩伯格，库克耶. 大数据时代[M]. 杭州：浙江人民出版社，2013：123-124.

[156] 陈万柏，张耀灿. 思想政治教育学原理[M]. 北京：高等教育出版社，2015：4.